Igreja não se faz no singular

Princípios fundamentais de uma igreja saudável

Igreja não se faz no singular

Flavinho Marques | Prefácio por **Pr. Márcio Valadão**

Princípios
fundamentais
de uma igreja
saudável

Editora Quatro Ventos
Rua Liberato Carvalho Leite, 86
(11) 3230-2378
(11) 3746-9700

Todos os direitos deste livro são reservados pela Editora Quatro Ventos.

Proibida a reprodução por quaisquer meios, salvo em breves citações, com indicação da fonte.

Todas as citações bíblicas e de terceiros foram adaptadas segundo o Acordo Ortográfico da Língua Portuguesa, assinado em 1990, em vigor desde janeiro de 2009.

Editor Responsável: Renan Menezes
Equipe Editorial:
Sarah Lucchini
Victor Missias
Paula de Luna
Revisão: Eliane Viza B. Barreto
Diagramação: Vivian de Luna
Coordenação de projeto gráfico:
Big Wave Media
Capa: Bruno Leal

Todo o conteúdo aqui publicado é de inteira responsabilidade do autor.

Todas as citações bíblicas foram extraídas da Nova Versão Internacional, salvo indicação em contrário.

Citações extraídas do site www.bibliaonline.com.br/nvi acesso em junho de 2019.

1ª Edição: Junho 2019

Ficha catalográfica elaborada por Geyse Maria Almeida Costa de Carvalho – CRB 11/973

M357i Marques, Flavinho

Igreja não se faz no singular: princípios fundamentais de uma igreja saudável / Flavinho Marques. - São Paulo: Quatro Ventos, 2019.
178 p.

ISBN: 978-85-54167-19-6

1. Religião. 2. Desenvolvimento espiritual.
3. Doutrina cristã. 4. Princípios cristãos.
I. Título.

CDD 232
CDU 2-42

Sumário

Introdução 15

1. Entendendo a Igreja: a essência . 21

2. A cultura da graça 41

3. A consciência do nosso 57

4. As pessoas vêm
antes das tarefas 73

5. Um coração voluntário 85

6. Assumindo minha
responsabilidade 99

7. A pessoa certa
no lugar certo 117

8. A descentralização organizada ... 131

9. O poder dos
relacionamentos saudáveis 147

10. De casa em casa 163

Dedicatória

Dedico esta obra à minha esposa Isa Coimbra e aos meus filhos Lucca e Lara, por serem minha base e por estarem comigo em todos os momentos acreditando em tudo que Deus tem nos confiado.

Agradecimentos

Primeiramente, agradeço a Deus por, mesmo sem eu merecer, permanecer fiel. Por ter se revelado a mim e me permitir viver Sua vontade para glória do Seu filho Jesus.

Agradeço à minha esposa Isa Coimbra, por ser simplesmente incrível e por estar comigo em todos os momentos, sonhando e acreditando no que Deus nos confiou. E aos meus filhos Lucca e Lara, por mudar completamente a minha vida, fazer-me mais humano e responsável com a minha vocação.

Agradeço à minha amada Igreja Batista da Lagoinha, por todo investimento e por acreditar, em todo tempo, no meu chamado. E ao meu amado Pastor Márcio Valadão, por ser a minha maior referência de cristão e pastor, e por acreditar em mim, muitas vezes, mais do que eu mesmo.

Aos meus pais e irmãos, por sempre acreditarem no meu chamado, sendo compreensíveis em todo tempo na prática da vocação.

E não poderia deixar de agradecer à minha comunidade local, a Igreja Lagoinha Savassi, que tenho o privilégio de pastorear e servir. A todos os pastores, liderança e ovelhas, por amarem a minha família, por serem inacreditáveis e incansáveis no serviço da comunidade. Sem dúvida, não existiria livro se não tivéssemos a oportunidade de ser igreja juntos.

Prefácio

A visão de pequenos grupos não é só uma estratégia que chegou nos séculos recentes, ela é, principalmente, uma visão bíblica que caminhou desde os primeiros passos da Igreja Primitiva. Em nossa igreja local, temos experimentado essa realidade que comporta a grandeza de oferecer os melhores serviços, mas também de ser como uma congregação bem pequena, onde todos são cuidados com excelência, através dos pequenos grupos.

Acredito que essa visão em nossa igreja tenha contribuído para um sistema em que podemos vivenciar um discipulado mais pessoal com cada membro e também fazer com que as novas vidas sejam consolidadas em Cristo, sem pular as etapas. Para isso, o nosso maior exemplo é Jesus Cristo, que sempre esteve entre as multidões, mas, no início de Seu ministério, definiu quem seriam os seus doze discípulos. Dessa forma, o Senhor trouxe para perto de Si aqueles que Ele consolidaria, ensinaria e enviaria para cumprir o *Ide* e estabelecer o Seu Reino.

A exemplo desse feito de Jesus, o pastor Flavinho veio como um presente de Deus para potencializar e catalisar o crescimento celular de nossa igreja. Creio que esse dom foi dado por Deus, e, nestes últimos anos, ele foi usado de uma forma sobrenatural para experimentarmos um tempo maravilhoso no qual tem ficado evidente que a comunidade pode ser grande, mas também pequena, do tamanho de um grupo em crescimento.

Por isso, creio que, ao ler este livro, você sentirá e experimentará um pouco do que Deus tem feito através da vida do pastor Flavinho aqui em nossa igreja, e se sentirá encorajado a investir nesta visão, que não pertence a uma congregação específica, mas à Igreja de Cristo. Nesta obra, Deus lhe deu graça para mostrar a essência do Corpo, de formar Jesus em cada pessoa, deixando claro que ninguém é descartável para Deus e que todo discípulo é uma peça fundamental no Seu Reino. Sendo assim, o que fica em evidência é que não se faz igreja sozinho, e entendo que esta seja a maior verdade que o pastor Flavinho nos traz e ensina nestas páginas.

Neste livro, você aprenderá sobre alguns pilares essenciais para construir uma igreja sustentável, além de métodos e estratégias que lhe trarão uma renovação de mente a respeito do Corpo de Cristo. Esta obra lhe trará clareza sobre alguns princípios fundamentais de uma comunidade saudável, que busca em sua essência anunciar o Evangelho e preparar os santos para o desenvolvimento de suas vocações.

Portanto, esta leitura levará você a um novo entendimento sobre essa visão bíblica que tem sido uma chave importante para a expansão do Reino de Deus aqui na Terra. A estratégia de expansão baseada em uma igreja voltada para relacionamentos e pequenos grupos tem o intuito, primeiramente, de fazer com que cada membro do Corpo de Cristo se reconheça com uma identidade de líder-discípulo, para que possa entender o seu chamado e impulsionar outras vidas a descobrirem os seus comissionamentos.

Deixe-se envolver e ser impactado com o poder do investimento personalizado na vida das ovelhas, além de ser desafiado a conquistar cidades, nações e os confins da Terra, começando sempre por um pequeno grupo.

Que Deus te abençoe abundantemente!

Pastor Márcio Valadão

Introdução

O nosso corpo é formado por aproximadamente dez trilhões de células. Cada uma delas exerce uma função específica. Porém, o interessante é que todas trabalham de forma integrada. Esses organismos vivos constituem toda a estrutura humana, desde as partes mais superficiais e visíveis, como a pele, até os nossos órgãos viscerais. E é graças a cada célula que o nosso corpo pode funcionar. Logo, não é à toa que a Bíblia se refere à igreja como o "Corpo de Cristo", pois assim como não existe o funcionamento de uma só célula fora de um corpo, também, isolados, nós não conseguimos nos desenvolver como seres humanos e cristãos. Por isso, em toda a Sua sabedoria e amor, Jesus instituiu a Igreja como modelo de vida em comunidade para nós.

O significado verdadeiro de Igreja vai muito além do que pensamos, a princípio, quando ouvimos, falamos ou lemos esse termo. Não é apenas o local ou o momento em que pessoas que têm uma crença em comum se reúnem, mas o estilo de vida para o qual somos chamados ao conhecer o nosso Salvador. Por mais que o relacionamento com Jesus seja individual, é no coletivo que colocamos em prática tudo aquilo que o Espírito opera em nós.

Um ótimo exemplo da importância da unidade para a vida cristã é a formação da primeira igreja. Esse fato histórico ocorreu quando Jesus subiu aos Céus, depois da ressurreição, e ordenou que Seus seguidores esperassem juntos pelo Espírito que Ele derramaria em Jerusalém. Podemos perceber que parte fundamental da orientação de Cristo era que Seus discípulos permanecessem unidos. Por conta da obediência a essa ordem, em Pentecostes, o Senhor os equipou para a missão de viver e levar o Evangelho de forma poderosa por todo este mundo. Tomando a Igreja de Atos como exemplo, vemos que é necessário estarmos juntos, não apenas sentados lado a lado em um culto, mas andando em uma só visão e espalhando a Verdade com as ferramentas e dons que recebemos de Deus.

Sendo assim, a verdade é que a Igreja nunca foi e nunca será um lugar para vivermos isolados. Se fosse para trabalharmos sozinhos, não faria sentido Jesus nos chamar de Corpo, uma vez que o funcionamento deste depende estritamente da união de seus membros. Apenas juntos, e capacitados pelo Espírito, conseguiremos viver e pregar a mensagem de Cristo.

Além disso, é importante termos em mente que a união do Corpo não só é essencial para o crescimento coletivo, mas também para o desenvolvimento individual. Isso acontece porque, ao lidar com pessoas de todos os lugares, com diferentes personalidades, qualidades e limitações, somos moldados, desafiados e abençoados para alcançar o nosso potencial máximo como homens ou mulheres de Deus. E é assim que desenvolvemos vocações e encontramos nosso propósito lado a lado com os nossos irmãos na fé.

Em suma, a unidade é o que nos torna a Igreja de Cristo. Isso faz com que a forma como amamos e convivemos com os nossos irmãos seja o que estrutura a união do Corpo. Logo, amar incondicionalmente o próximo é fundamental para nos mantermos na visão de Jesus para Sua Igreja, porque a maneira como tratamos nossos irmãos deve ser o espelho do amor de Deus em nós. Exemplo disso é a orientação encontrada em 1 João 4.20, que diz: "Se alguém diz: Eu amo a Deus, e odeia a seu irmão, é mentiroso. Pois quem não ama a seu irmão, ao qual viu, como pode amar a Deus, a quem não viu?" (ACF). Em outras palavras, o grande diferencial do cristão é a capacidade de amar e viver em amor com a Igreja.

Porém, viver em amor com os nossos irmãos não é a tarefa mais fácil do mundo, uma vez que a Igreja é feita de pessoas, e pessoas falham. Sim, isso é uma verdade inegável. Mas, muito mais do que estar suscetível à falibilidade humana, a Igreja é o lugar onde existe espaço para todos, com suas características específicas, talentos e dificuldades. É na união das diferenças que se constrói o Corpo de Cristo. E são exatamente as fraquezas humanas que fazem com que um precise do outro. Isso, porque, em Deus e no Corpo, nossas vulnerabilidades ganham um novo sentido, de dependência do Senhor e dos irmãos, uma vez que eles possuem qualidades que, muitas vezes, nos faltam.

Então, assim como as células do nosso corpo, precisamos de cada uma das pessoas do Corpo de Cristo para que este funcione perfeitamente. Ninguém é descartável. Fomos abençoados com dons e talentos diferentes para que Deus seja glorificado. Dessa forma, Igreja significa valorizar pessoas e trazer a compreensão da importância delas no Reino de Deus.

É inegável que a Igreja nos abraça e encoraja, lapida o nosso caráter e ajuda na nossa capacitação para um estilo de vida cristão. Mas não podemos nos esquecer de que, da mesma forma que recebemos tudo isso do Corpo de Cristo, também é nossa responsabilidade contribuir com ele: amando as pessoas, ajudando a desenvolver as suas habilidades e servindo onde formos necessários. Isso quer dizer que ser Igreja é ter um coração disposto a dar mais do que receber, amar ao próximo como a si mesmo e empenhar o seu tempo e energia em fazer a sua parte para o crescimento da comunidade.

E é justamente sobre essa unidade, amor e cooperação mútua do Corpo de Cristo que discorreremos nas próximas páginas, abordando os princípios fundamentais de uma igreja saudável, que vive para anunciar a Boa Notícia do Evangelho e equipar os santos para o desenvolvimento de suas vocações. O objetivo é que cada leitor entenda sua identidade em Deus, seu papel e responsabilidade no Corpo, e a motivação de seu coração diante do seu chamado, para, assim, estabelecer raízes sólidas e experimentar um crescimento frutífero como cristão e como Igreja.

A maior expectativa é que, com esta leitura, você saia mais apaixonado por Jesus e pela Igreja que Ele estabeleceu aqui na Terra, voltando o seu coração totalmente para entender, amar, construir e se entregar à união total com o Corpo de Cristo, ao qual você pertence.

1. Entendendo a Igreja: a essência

Eu tinha 18 anos quando encontrei a Deus de verdade. Logo que me converti, comecei a ter um enorme desejo por conhecer mais sobre Jesus e a Sua Igreja, já que tudo o que eu sabia a respeito d'Ele eram doutrinas aprendidas em alguns cursos e celebrações da Igreja Católica. Eu queria entender como era ter um relacionamento real com Deus e fazer parte de uma comunidade de pessoas que O buscavam genuinamente. Foi então que decidi participar das reuniões de um pequeno grupo que pertencia a uma igreja localizada no bairro da casa dos meus pais. Na época, eu ainda morava com eles e meus três irmãos. Quando todos souberam da minha conversão, ficaram muito felizes e celebraram comigo, principalmente minha mãe, que foi a primeira a seguir Jesus, abrindo caminho para que, aos poucos, os filhos pudessem encontrar o Senhor.

Eu nunca sonhei em ser pastor. Na verdade, nem sequer tinha passado pela minha cabeça que um dia eu poderia dedicar minha vida para a Igreja de Cristo. Na época em que conheci Jesus, eu estava, literalmente, muito mais focado no mundo físico do que no espiritual. Tinha acabado de ingressar na faculdade para cursar Educação Física, sonhando e me preparando para ser empresário na área *fitness*.

Imediatamente após minha conversão, apesar de ter sido uma experiência muito intensa e radical, uma verdadeira entrega de vida, não me passava pela mente que Deus pudesse me querer no ministério em tempo integral. Por outro lado, ainda que não conseguisse explicar ou até mesmo entender de maneira lógica o porquê, eu amava fazer parte do Corpo de Cristo. Sentia que havia encontrado algo que sempre desejei, mas não sabia. Era atraído pela Igreja e, à medida que eu me envolvia nas atividades da minha comunidade local, servindo a Deus e às pessoas, obtinha mais clareza a respeito do que queria fazer com a minha vida. E, hoje, após mais de onze anos de ministério, fico feliz não apenas por saber que estou exatamente onde deveria estar, como também por poder afirmar que nunca amei e entendi tanto o propósito da Igreja como agora.

Em contrapartida, o engraçado é que muitos dos que nascem ou estão há muito tempo na Igreja acabam não se questionando sobre alguns pontos básicos e importantes a respeito do que é ser parte do Corpo. Aliás, muitas pessoas passam boa parte da vida pertencendo à Igreja, mas, no fundo, não sabem qual é o verdadeiro chamado dela ou por que ela existe. E foi exatamente pensando nisso e lendo o texto de Mateus 28.18 que recebi de Deus uma direção sobre essas questões:

> Então, Jesus aproximou-se deles e disse: "Foi-me dada toda a autoridade no céu e na terra. Portanto, vão e façam discípulos de todas as nações, batizando-os em nome do Pai e do Filho e do Espírito Santo, ensinando-os a obedecer a tudo o que eu lhes ordenei. E eu estarei sempre com vocês, até o fim dos tempos". (Mateus 28.18-20)

Esse, talvez, seja um dos textos mais conhecidos de toda a Bíblia, e, portanto, um dos mais pregados mundo afora. Porém, enquanto lia essa passagem em uma tradução mais próxima do texto original, entendi que, na verdade, a nossa compreensão do *Ide* como uma experiência transcultural, em que alguém precisa sair do seu lugar físico para pregar o Evangelho, não deveria ser a única interpretação para essas palavras de Jesus. É evidente que, aqui, concordamos que viver a Grande Comissão implica necessariamente sair de um lugar de conforto e comodismo espiritual para ir em direção ao que Deus nos revelou. Entretanto, isso não quer dizer que tenhamos de literalmente deixar o nosso ambiente físico para cumprir o *Ide*, ou até mesmo que essa passagem se restrinja apenas a uma visão missionária (o que também não a anula). Na verdade, o que Mateus nos revela a partir dessa declaração é que a Igreja foi chamada para fazer discípulos, e o nosso papel como Corpo de Cristo é anunciar a boa notícia de que Jesus Cristo é a nossa salvação e que o Reino de Deus é chegado para transformar todos os reinos deste mundo.

Essa Boa Nova carrega um propósito: restaurar o relacionamento do homem caído com Deus através da notícia de Jesus. É por isso que, quando Paulo escreve a Timóteo, ele diz que não há mediador entre Deus e o homem, senão Cristo. E quando anunciamos a Boa Notícia, algo sobrenatural acontece na esfera natural. Quando dizemos: "Jesus ama você!", por mais que essa não seja a estratégia mais eficaz de evangelização, isso pode transformar a vida de quem ouve, pois existe poder quando o Evangelho é anunciado. É o Reino dos Céus atingindo a Terra. E isso não tem a ver conosco, mas com a ação do Espírito Santo por meio de nós. Ele é quem convence do pecado, da justiça e do juízo, fazendo com que aqueles que não conheciam a Deus e viviam em ignorância por conta do pecado tivessem a chance de restaurar o seu relacionamento com Deus- -Pai. É em razão disso que Jesus é o nosso mediador.

Porém, o interessante é que o texto de Mateus continua, afirmando que Deus nos deu autoridade não apenas para irmos, mas para fazermos discípulos e os batizarmos. Certa vez, em uma tarde, vivendo o dia a dia da igreja com um amigo pastor, conversávamos exatamente sobre o real significado do termo *Ide*.

No grego original, essa palavra não é um verbo no imperativo, e sim no gerúndio, que traz o sentido de dinâmica e continuidade. Em outras palavras, é como se Jesus estivesse aplicando uma ideia de movimento junto com o *Ide*, ou seja, enquanto estamos andando, nos locomovendo em espaço e tempo determinados, realizando boas obras, devemos fazer discípulos. O verbo imperativo desse versículo, portanto, está na ordem de discipular, e não exatamente de se deslocar de um lugar para outro. Isso quer dizer que o *Ide* não é apenas uma ação, mas um estilo de vida que devemos trilhar, enquanto expandimos e estabelecemos o governo de Deus na Terra, através da formação de discípulos. Afinal, seja indo para a China, para o trabalho, para uma festa de família, para a universidade, para a nossa rua ou qualquer outro lugar e situação, devemos ser intencionais em marcar vidas e gerar discípulos de Cristo.

É por esse motivo que acredito na transformação da sociedade em todas as esferas, daí a necessidade de sermos relevantes nos ambientes sociais em que estamos inseridos. Cada ser humano nasceu com qualidades e traços específicos que lhe colocam em uma ou mais áreas de atuação na sociedade, em que o evangelismo se torna muito mais eficaz. Entre essas esferas estão: 1. Família (Lar); 2. Religião (Igreja); 3. Educação (Escolas); 4. Governo (Política); 5. Mídia (Comunicação); 6. Artes (Entretenimento, Artes e Esportes); 7. Economia

(Negócios, Comércio, Ciência e Tecnologia). Se cada cristão se comprometesse em ser autoridade ou um intercessor na esfera em que está inserido, logo ganharíamos o mundo para Jesus e aceleraríamos o nosso chamado como Igreja: estabelecer o Reino de Deus na Terra. Por isso, é importante relembrar que a diversidade no Corpo de Cristo é extremamente preciosa e importante para o cumprimento da nossa missão coletiva. Um político talvez nunca tenha influência ou propriedade para ditar tendências na Igreja, mas será efetivo e crucial no desenvolvimento de políticas públicas e internacionais que potencializam a disseminação de valores do Reino na sociedade, promovendo desenvolvimento social, econômico e cultural em seu país. Um jornalista provavelmente não tem o perfil para liderar comunidades locais como um pastor, porém é um agente social importantíssimo para proteger milhões de pessoas de mentiras noticiadas pela imprensa, estimular o pensamento crítico entre os cidadãos e trazer esperança através de boas novas. Um professor de Ensino Fundamental talvez não possua as atribuições necessárias para organizar uma cruzada evangelística ou uma viagem missionária, contudo ele é um dos profissionais mais influentes para moldar a mente dos líderes da próxima geração. Portanto, não importa o que você faz hoje, se é o que Deus o chamou para fazer, continue entregando o seu melhor com o máximo de excelência possível. Isso lhe abrirá portas de influência para o destino que Ele reservou para você.

Quando estamos no centro da vontade de Deus e nos mantemos em obediência e busca, o comissionamento de fazer discípulos se torna algo natural. Não precisamos usar terno, colocar a Bíblia embaixo do braço e cuspir um vocabulário evangélico para anunciar Jesus. Na verdade, esse tipo de coisa joga mais contra nós do que a favor. Isso, porque proclamar o Senhor precisa ser um reflexo do nosso estilo de vida de sermos guiados diariamente pelo Espírito Santo. Pouco tem a ver com a forma como nos comportamos publicamente, e muito com o nosso caráter, porque é justamente isto que diz quem somos de verdade. Quanto mais do caráter de Cristo tivermos em nós, mais tratados e desenvolvidos seremos como pessoas. Não apenas como cristãos, mas como seres humanos, de maneira integral. Infelizmente, muitos dos problemas que estão presentes na Igreja são, sim, consequência natural da falibilidade humana, mas também são resultado da falta do caráter de Cristo nas pessoas. Isso, porque indivíduos curados e restaurados por Jesus dão menos problemas e mais soluções, uma vez que entendem a sua missão e propósito como parte da Igreja.

É lamentável, para não dizer trágico, mas tem se tornado cada vez mais comum aqueles que em vez de zelar, proteger e amar a Igreja preferem atirar pedras e expô-la. Em outras palavras, o Corpo de Cristo é feito por pessoas, e estas são falhas, mas O Cabeça, Jesus, não, Ele é perfeito. O Senhor sempre nos liderará em direção à perfeita vontade de Deus, apesar de todos os nossos defeitos. Por isso, não podemos nos esquecer de que a estrutura física de nossas igrejas é passageira, mas a Igreja de Cristo dura para sempre e tem propósitos eternos. Enquanto estamos aqui na Terra, precisamos nos lembrar de que, seja no domingo ou na segunda-feira, somos os representantes do Reino de Deus e, por isso, devemos fazer discípulos, afinal, essa é a essência do Corpo de Cristo, que trará resultados eternos.

Dentro disso, vale lembrar também que a passagem de Mateus 28 nos traz três lições importantes que precisamos entender se quisermos cumprir o nosso papel como Igreja. A primeira é que Cristo conferiu Sua autoridade.

> Então, Jesus aproximou-se deles e disse: "Foi-me dada toda a autoridade no céu e na terra. Portanto, vão [...]" (Mateus 28.18-19a)

O comissionamento é precedido pela capacitação. Antes de Jesus nos enviar, Ele já tinha nos dado a Sua própria autoridade, que age através de nós por meio do Espírito Santo. Ou seja, sem a autoridade e o entendimento dela, torna-se impossível cumprir de maneira plena o nosso papel. Isso, porque essa autoridade é fundamental para que os sinais e maravilhas sejam manifestos, para que as portas do inferno não prevaleçam sobre nós e Satanás seja envergonhado. Nesse sentido, precisamos entender que quem nos chamou e capacitou foi o próprio Deus, por meio de Seu filho. Somente por intermédio da autoridade de Jesus na cruz é que somos habilitados para cumprir o nosso papel como Igreja. E, aqui, vale mencionar que não me refiro à Igreja como instituição, mas à essência dela: discípulos de Cristo. Não é sobre CNPJ nem tijolos, estruturas ou mesmo comunicação, e sim sobre pessoas e relacionamentos. O problema é que, muitas vezes, damos importância demais para os templos e altares construídos por homens, quando, na verdade, nós somos o Templo e os nossos corações, os altares. Somos a Igreja, a casa que Deus escolheu habitar, e essa é a essência que precisamos entender se quisermos cumprir o nosso papel. Nunca foi e nem será a respeito de números, dinheiro ou qualquer outro motivo. É sobre a Boa Notícia, o Evangelho puro e simples. Esse é o nosso papel. E só conseguiremos viver a Grande Comissão, onde quer que estivermos, quando recebermos a revelação de que já temos a autoridade de Jesus conosco.

A segunda lição e garantia que este texto nos traz é que Cristo nos envia com a Sua mensagem. Acho muito interessante como nesse trecho Jesus nos dá a faca e o queijo. Em outras palavras, recebemos a Sua autoridade, mas juntamente com isso, a mensagem que devemos anunciar. Em nenhum momento, O Senhor menciona nada sobre a Igreja ter uma mensagem própria. Não fomos comissionados para levantar uma bandeira independente ou anunciar o que quisermos, e sim revestidos de poder e autoridade para proclamar o Evangelho do Reino de Deus e o Evangelho da Salvação. A mensagem divina é a vontade do Pai sendo revelada em Cristo, por meio do Espírito Santo. Apenas esta verdade é capaz de transformar o homem e, por consequência, toda a sociedade.

Isso explica o motivo de tantas igrejas evangélicas estarem saturadas e inchadas, mas sem transformações ou conversões genuínas. Quando tentamos reinventar a mensagem e anunciar qualquer outra coisa que não seja a notícia de Jesus e Seu Reino, a essência se perde e, automaticamente, o propósito também. Logo, se entendemos que Ele nos deu autoridade e a mensagem que devemos anunciar, basta que sejamos o canal de propagação. Assim, a partir do momento que nos dispusermos a isso, Deus trará transformação, conversão, mudança de mentalidade, curas, milagres, manifestação de dons, e tudo o que o Senhor permitir que vivamos no caminho dessa missão, pois tudo isso acontece a partir do desejo de Deus de se reconectar com Seus filhos.

É em razão disso que é tão importante estarmos comprometidos em entender e manifestar o Reino diariamente, através da excelência em nosso trabalho, da vida de adoração e intimidade com Deus, das expressões do amor e graça em nossos relacionamentos e das demonstrações do poder sobrenatural do Espírito Santo nas interações com as pessoas. Dessa forma, cada dia passa a ser parte crucial da nossa jornada aqui na Terra para revelar o coração do Pai ao mundo, em todas as situações. Todo instante, por mais improvável que possa parecer, torna-se uma oportunidade para revelar o amor de Deus e cumprir o nosso papel como discípulos de Cristo e embaixadores do Reino. Não é algo que só acontece no domingo, mas um estilo de vida que revela as boas notícias diariamente.

Entretanto, infelizmente, muitos têm tentado corromper a essência da Igreja, tratando-a apenas como uma instituição ou, pior, como uma empresa. Obviamente, ela necessita de organização para estar de acordo com a lei dos homens e funcionar da melhor maneira possível, mas não podemos deixar de lado a sua essência de anunciar a mensagem que nos foi confiada por Deus – sem nos esquecermos, é claro, da autoridade que Ele nos entregou para isso.

A terceira e última lição é: Deus está conosco em todo o processo. Quando Jesus disse: "Ide por todo mundo [...] vão e façam discípulos de todas as nações [...]", Ele completou afirmando: "E eu estarei sempre com vocês, até o fim dos tempos". Isso muda tudo. Em outras palavras, Ele nos deu autoridade a partir do Seu nome, tornando-nos embaixadores do Seu Reino, deixou-nos uma mensagem, que é capaz de transformar e restaurar o relacionamento do homem caído com Deus, mas, ainda assim, decidiu que isso não seria suficiente se não tivéssemos a Sua presença constante nesta missão. Então, Ele nos presenteou com o Seu Espírito Santo. É a presença do Espírito dia após dia que nos permite ser guiados corretamente e manifestar a boa, perfeita e agradável vontade do Senhor pelo caminho. A jornada não seria tão honrosa e prazerosa se Ele não estivesse conosco assim.

E quando permitimos que o Espírito Santo nos guie na caminhada, passamos a ser transformados em nossa maneira de pensar, agir e ser. Seria muita hipocrisia da nossa parte querer manifestar o Reino e anunciar o Evangelho de Jesus se nós mesmos nunca tivéssemos experimentado o poder da mudança que pregamos. Isso seria como viver repetindo informações sobre um Deus e uma mensagem de que apenas ouvimos falar e fomos convencidos, e não que, de fato, conhecemos. O que realmente traz peso para a nossa pregação são as experiências com o Senhor. Por outro lado, isso não significa que precisamos ser perfeitos para anunciar Jesus, mas a vida cristã genuína exige responsabilidade, verdade, comprometimento e humildade para nos posicionarmos em um lugar de dependência de Deus e abandono do pecado. O que quer dizer que, quando nos referimos ao Senhor, pouco importam as palavras, canções e até mesmo a qualidade das pregações, se o coração não estiver correto, nada terá valor. Isso, porque, de acordo com as Escrituras, a forma como

Deus comprova o nosso amor é através da obediência radical, e não por qualquer outro motivo sentimental ou romanceado.

Apenas uma vida compartilhada com o Espírito Santo é capaz de nos transformar à semelhança de Cristo. E quando isso acontece, não precisamos de discursos bonitos ou uma oratória impecável, porque a nossa própria vida revela a missão que fomos convocados a cumprir. Dessa forma, passamos também a entender o coração e o amor de Deus por cada pessoa. Para Ele, evangelizar a África ou pregar para o seu vizinho tem o mesmo peso, responsabilidade e valor. Estar em um púlpito de igreja, atrás de uma mesa de consultório ou em uma repartição pública carrega o mesmo nível de espiritualidade. Estejamos onde quer que seja, se ali for o centro da vontade de Deus, não devemos ter dúvidas de que estamos cumprindo o papel da Igreja em sua essência.

Dentro disso, vale lembrar também que essa essência não é a de uma igreja religiosa, mas espiritual. Ir a um culto ou participar das atividades de uma comunidade local não faz de você um cristão verdadeiro, assim como ir a um restaurante japonês e se alimentar daquele tipo de culinária não faz de você um cidadão japonês. Não basta nos alimentarmos da Palavra de Deus, precisamos vivê-la. De que vale passar a vida inteira ouvindo histórias sobre o amor de Jesus e o poder do Espírito Santo impactando as vidas das pessoas à sua volta e jamais testemunhar isso sendo manifesto em sua vida? Sem a construção diária e pessoal de um relacionamento com Deus, não passaremos de estudiosos infectados por uma doença contagiosa chamada religiosidade, algo que, além de nos cegar, causa apatia, orgulho e incredulidade.

Jesus sabia bem o que esse mal poderia provocar, e foi em razão disso que, em todas as Suas palavras, Ele deixava claro a importância do coração no lugar certo: no centro da vontade de Deus. Ao longo dos evangelhos, fosse no monte, com multidões, através das parábolas, sermões ou de qualquer outra forma, Cristo sempre revelava a necessidade de um coração correto, e a carência de conhecermos o Seu coração se quiséssemos ser Seus discípulos. Essa é a diferença entre uma igreja espiritual e uma religiosa. A primeira conhece e manifesta as verdades contidas no coração de Cristo, enquanto a última está mais interessada em disseminar regras, julgamentos e achismos do que em anunciar Jesus e obedecer os mandamentos que Ele nos deixou. O nosso trabalho não é convencer ou julgar ninguém. Isso não cabe a nós. Nossa missão é apresentar Aquele que nos amou primeiro por meio do próprio amor. O que nos compete é cumprir a Grande Comissão através do Grande Mandamento:

> Amarás ao Senhor teu Deus de todo o teu coração, e de toda a tua alma, e de todas as tuas forças, e de todo o teu entendimento, e ao teu próximo como a ti mesmo. (Lucas 10.27 – ACF)

Por isso, devemos parar de nos preocupar tanto com o que não diz respeito a nós e perguntar para Deus o que deveríamos ser e fazer. Precisamos entender o nosso papel na sociedade e também no Corpo de Cristo. Temos de aprender a amar a diversidade e lutar pela unidade na Igreja.

Atos 16 conta a história da primeira igreja que Paulo abriu em uma casa. Algo que sempre me chamou a atenção é que o apóstolo não estava preocupado em alugar um prédio ou estabelecer fisicamente um ponto de encontro cheio de conforto. A Bíblia nos diz que Paulo acordou pela manhã, e no meio do caminho que ele e Silas estavam fazendo, encontrou algumas mulheres, na beira do rio, e compartilhou a melhor notícia que elas poderiam ouvir naquele dia: a história e mensagem de Cristo. Uma daquelas mulheres, que se chamava Lídia, foi tão transformada que a Bíblia cita que ela insistiu para que a sua casa fosse uma hospedagem (Atos 16.14-15). A história continua e acrescenta que, em outro dia, Paulo encontrou uma mulher que obtinha lucro financeiro através de um espírito de adivinhação, e ele, dando uma ordem, no nome de Jesus, para que o espírito saísse dela, libertou-a completamente (Atos 16.16-18). Isso mostra que não precisamos ficar presos a prédios e salas, pois, por onde passamos, temos a autoridade de Jesus para anunciar a boa notícia e manifestar o poder do Seu Reino.

O capítulo avança e o autor de Atos menciona que, após terem manifestado o poder de Deus, Paulo e Silas são presos (Atos 16.19-26), mas, por volta da meia-noite, ao começarem a adorar a Deus na prisão, um terremoto acontece, as celas se abrem e, com a confusão e possível fuga de todos os prisioneiros, o carcereiro tenta se matar. Felizmente, é impedido por Paulo e Silas. A Palavra nos conta que depois de terem conversado com ele, o carcereiro se converte e os leva até sua casa para que toda sua família também tivesse a oportunidade de receber a salvação. A partir disso, nasce uma igreja naquele lar. É interessante destacar que Paulo não chegou na cidade com a pretensão de abrir uma igreja na casa do carcereiro. Na verdade, ele não sabia que seria preso, muito menos por causa de um espírito de adivinhação que iria expulsar. Ele não fazia ideia de que teria hospedagem por meio de uma mulher que estava lavando roupas na beira do rio nem que um terremoto os libertaria da prisão. E isso que é o mais louco. Viver a missão sem saber o dia de amanhã, mas com a certeza de que o Senhor está no controle de tudo, é a melhor vida que poderíamos ter. É impossível sermos cristãos de verdade sem termos total dependência de Deus.

Foi exatamente isso que os 70 enviados de Jesus experimentaram em Lucas 10. Quando o Senhor comissionou aqueles discípulos, deixou claro que eles não deveriam levar comida, roupas, sapatos e nenhum pertence pessoal. O Mestre lhes instruiu que batessem de porta em porta, mas não lhes disse o que viria em seguida. Fosse como fosse, por onde quer que passassem, eles deveriam anunciar a boa notícia.

Da mesma forma, os capítulos seguintes de Atos, com a continuação da expansão do Reino e da Igreja através de Paulo, contam-nos que o Evangelho era anunciado de cidade em cidade, para poucas ou muitas pessoas. De Filipos a Tessalônica, depois Bereia, Atenas, Corinto, e a lista não para. A mensagem era proclamada em sinagogas, praças, areópagos e casas. Essa era, e deve continuar sendo, a essência da Igreja: movimento. E isso se faz no cotidiano. Se tem uma Igreja que entendia o seu propósito, a autoridade que havia recebido e a mensagem que carregava, é a de Atos. Ela era cristocêntrica, e nós devemos ser assim também. Não existe cristianismo se Cristo não for o centro. Assim como não existe relacionamento com Deus sem arrependimento, sacrifício, cruz e sem o poder do Espírito Santo. Isso, porque é só a partir do arrependimento, da obra da cruz, da disciplina do discipulado e da manifestação palpável do poder de Deus que é possível viver na plenitude do Espírito.

Portanto, o nosso papel como Igreja é apenas esse: anunciar a boa notícia, que gera a transformação a partir do arrependimento e promove um relacionamento progressivo com Cristo. Temos de ser crescentes em graça, misericórdia, intimidade, sabedoria, conhecimento, dons, poder, e assim por diante, e o local em que isso acontece é a Igreja, a assembleia dos santos. Ela é o organismo vivo que permite a união, o aperfeiçoamento e o empoderamento das pessoas por meio do Espírito Santo, para expansão do Reino de Deus. A comunidade se reúne, recebe a Palavra, é edificada, adora em unidade, serve e é instruída para anunciar a boa notícia e levar o Reino de Deus para fora das quatro paredes. Essa é a razão de nos reunirmos como Igreja, e existe poder em estarmos juntos debaixo do mesmo propósito. Somos família, então, quando um não está bem ou é novo convertido, nossa primeira reação deve ser acolher, cuidar, abraçar e encaminhá-lo. Assim, todo o Corpo se manterá saudável para viver o chamado de Cristo.

Hoje, talvez mais do que nunca, devemos voltar à essência. Temos visto tantas igrejas sendo inauguradas, o Evangelho sendo pregado em muitos lugares e inúmeros novos convertidos, o que eu acho incrível, mas devemos nos questionar: até que ponto entendemos o que estamos fazendo? Até que ponto temos uma visão como Igreja de Cristo, e não apenas como nossa denominação? Será que entendemos o nosso papel como Igreja?

Quando temos essas respostas firmadas no coração, as nossas expectativas não estão em CNPJs, líderes, pessoas ou denominações, mas em Jesus, O Cabeça e principal motivo de sermos e fazermos tudo. O desejo do coração de Deus é estabelecer o Seu Reino na Terra através da restauração do relacionamento com o homem. Isso, sabemos bem, só é possível por meio de Cristo, anunciado e manifestado pela Igreja, Sua noiva. Então, através do convencimento do Espírito Santo, somos transformados e convocados a ser Igreja para fazer discípulos e gerar frutos por todos os lugares que passarmos. E não quaisquer frutos, mas aqueles que permaneçam, assim como João 15 diz. Para isso, a mensagem não pode ser humanista ou ter identidade própria, ela precisa ser cristocêntrica, porque só assim pode ser verdadeiramente implacável, transformadora, apaixonante e eterna.

E é justamente por isso que a Igreja não se faz no singular. Porque essa é uma missão coletiva. Todos são importantes e têm a sua contribuição, o seu papel dentro do Corpo para que o Reino de Deus seja estabelecido. Entendido isso, a partir daqui, fica mais simples de compreender a cultura da graça, a importância do coração voluntário, a nossa responsabilidade individual em todo esse processo, e tudo o que discutiremos em sequência. Porém, ao longo de todas estas páginas, você não pode esquecer: nós somos Igreja, e é impossível ser Igreja sozinho.

2. A cultura da graça

✦✦✦

Eu me lembro de quando entendi, de fato, a graça de Deus. Acho que poucas coisas na vida fizeram tanto sentido para mim quanto isso, apesar de que, em alguns momentos, entendê-la não é tão fácil assim. Afinal, como compreender essa expressão do amor do Pai, que garante a cada um de nós a chance de ser perdoado e restaurado, gratuitamente, através do simples ato de crer em Jesus? Esse favor imerecido parece ser bom demais para ser verdade, porém, para a nossa surpresa e alegria, ele é.

Logo que me converti, quando adolescente, eu tive um encontro com a graça, e a transformação que ela gerou em mim foi devastadora. Contudo, essa mudança não parou quando fui salvo. Ela continua me acompanhando e me moldando todos os dias. Isso, porque, quando nos deparamos com a graça, entendemos a nossa condição, a nossa real identidade como pecadores, o que, consequentemente, nos permite entender a cruz. O nosso destino era o inferno, estávamos condenados, mas por causa da graça fomos justificados. Descobrimos quem éramos e, a partir dali, quem poderíamos nos tornar depois dela. E o melhor de tudo é que nada tinha a ver comigo, e sim com Ele, e é por isso que o que eu sou hoje é por causa de Deus e para Ele.

Após a revelação da graça, podemos viver para exaltar Jesus e fluir no Espírito, mas a transformação continuará acontecendo até a eternidade. E quando penso nisso, percebo que seria impossível continuar falando a respeito da Igreja sem mencionar a graça e o poder que ela carrega de promover uma cultura de relacionamentos saudáveis. Primeiro, porque, obviamente, sem ela não teríamos sido alcançados pelo amor de Deus e salvos mediante a fé. Segundo, porque é apenas por meio da graça que somos capazes de nos enxergar e nos colocar no lugar do outro verdadeiramente, já que todos que se dizem parte da Igreja do nosso Senhor Jesus foram alvos desse favor imerecido. Dessa forma, entendemos que nenhum de nós faz parte do Corpo por mérito ou capacidades individuais, e sim pela escolha de Deus de nos tornar filhos e ter um relacionamento conosco.

Assim, quanto mais nos aprofundamos na compreensão do amor e da graça de Deus, maior é a nossa capacidade de nos conectar com o próximo. No instante em que nos encontramos com a graça divina e permitimos que ela desenvolva o nosso caráter, passamos a viver de maneira que respeite, incentive e promova o outro. Não porque fizeram uma lavagem cerebral em nós e, do dia para a noite, começamos a tolerar e amar a todos que julgávamos antes. Mas porque entendemos realmente que, se Ele nos enxergou, aceitou e teve paciência e amor em nosso processo, então, oferecer isso aos outros é o mínimo que podemos fazer.

Porém, isso não significa que tenhamos de aceitar, passar a mão na cabeça ou ser coniventes com o pecado ou erro. Pelo contrário, Paulo escreveu em Romanos:

> Sobreveio a lei para que avultasse a ofensa; mas onde abundou o pecado, superabundou a graça [...] E daí? Havemos de pecar porque não estamos debaixo da lei, e sim da graça? De modo nenhum! Não sabeis que daquele a quem vos ofereceis como servos para obediência, desse mesmo a quem obedeceis sois servos, seja do pecado para morte ou da obediência para a justiça? (Romanos 5.20; 6.15-16 – ARA)

A graça de Deus não é uma desculpa para uma vida de pecado ou para permanecermos como estamos. Mas torna possível o nosso acesso a Ele, à salvação e à justificação. Ela também nos sustenta enquanto estamos aqui na Terra, e, principalmente, nos ensina a viver de acordo com a vontade de Deus. Entretanto, como mencionei, acredito, e certamente a Palavra nos afirma, que seja apenas por meio dela que temos a capacidade de entender e enxergar o próximo com a ótica de Cristo. E é exatamente isso que Efésios 2 nos revela:

> Vocês estavam mortos em suas transgressões e pecados, nos quais costumavam viver, quando seguiam a presente ordem deste mundo e o príncipe do poder do ar, o espírito que agora está atuando nos que vivem na desobediência. Anteriormente, todos nós também vivíamos entre eles, satisfazendo as vontades da nossa carne, seguindo os seus desejos e pensamentos. Como os outros, éramos por natureza merecedores da ira. Todavia, Deus, que é rico em misericórdia, pelo grande amor com que nos amou, deu-nos vida juntamente com Cristo, quando ainda estávamos mortos em transgressões — pela graça vocês são salvos. Deus nos ressuscitou com Cristo e com ele nos fez assentar nos lugares celestiais em Cristo Jesus, para mostrar, nas eras que hão de vir, a incomparável riqueza de sua graça, demonstrada em sua bondade para conosco em Cristo Jesus. Pois vocês são salvos pela graça, por meio da fé, e isto não vem de vocês, é dom de Deus; não por obras, para que ninguém se glorie. Porque somos criação de Deus realizada em Cristo Jesus para fazermos boas obras, as quais Deus preparou de antemão para que nós as praticássemos. (Efésios 2.1-10)

Não sei você, mas, para mim, essa carta é uma das mais belas de toda a Bíblia. Ela foi escrita na primeira vez que Paulo foi preso, em Roma, totalizando aproximadamente dois anos. Durante o tempo de custódia, ele era vigiado pela guarda de elite do palácio, formada por milhares de soldados. O curioso é que, diferentemente de outras cartas, essa não trata de problemas particulares, mas traz verdades consoladoras acerca da graça divina e da obra da Trindade em favor da Igreja, revelando-nos, portanto, a impossibilidade de sermos e fazermos Igreja no singular.

Todavia, o que acho mais interessante nela é como, apesar de ter somente seis capítulos, a palavra "graça" é mencionada 13 vezes. Em questão da quantidade de menções ao tema, a carta aos Efésios só fica atrás da epístola aos Romanos, que tem 16 capítulos e 20 referências sobre o assunto. Isso nos mostra não apenas que esse tema era extremamente relevante para Paulo, mas que também era uma das ênfases do seu ministério. Por todo o livro, podemos identificar que as instruções do apóstolo para o desenvolvimento de uma igreja saudável estavam intimamente ligadas à graça de Deus. Isso, porque é impossível se tornar parte da Igreja senão a partir da graça.

Em suas páginas, a carta aos Efésios aborda um lado teológico, mas, ao mesmo tempo, prático, não só nos apresentando a Igreja como um movimento de pessoas ao invés de uma instituição, mas também nos mostrando como Deus colocou o Seu coração nela. Existe um propósito eterno na Igreja, e isso deveria mudar a maneira como enxergamos a todos no Corpo, afinal, ele é composto por seres humanos. Por isso, enquanto não tivermos uma perspectiva de graça em relação às pessoas, não conseguiremos entender, de fato, a dimensão e o poder que existem na unidade e singularidade de cada indivíduo dentro do todo.

Só conseguimos conviver, ser Igreja, cumprir a nossa missão como Corpo e permanecer unidos, se compreendemos que a mesma graça que nos alcançou também alcançou os outros. Infelizmente, temos muita facilidade para valorizar a graça de Deus em nossas vidas, mas uma dificuldade enorme para aceitar que ela existe e está disponível para todo mundo. Apenas quando vivemos e praticamos essa graça para com todos é que somos capazes de viver em comunidade de forma saudável, exercendo o nosso propósito e nos parecendo mais com O cabeça da Igreja: Jesus.

É em razão disso que a religiosidade é tão contrária à graça, porque em vez de propor união e acolhimento, ela dissemina julgamento, punição e discriminação como "solução" para não corromper o Corpo de Cristo. Viver unicamente por meio da religião é um dos venenos mais nocivos ao estilo de vida amoroso e cheio de graça proposto por Jesus. Quando cultivamos uma falsa aparência de perfeição e padrões inalcançáveis de comportamento, colocamos uma régua inatingível como nosso modelo, e, por isso, passamos a julgar a todos que não vivem de acordo com o que nós impomos como o correto.

Entretanto, a grande questão é que ninguém é perfeito, então, em alguns momentos, sempre acabaremos fazendo algo que não condiz com a nossa nova natureza, e precisamos nos lembrar disso para poder estender graça para o próximo e para nós mesmos. Digo isso porque, durante muito tempo após a minha conversão, enfrentei dificuldades para andar em graça, misericórdia e humildade junto a pessoas que não estavam tão dispostas a se envolver com a Igreja como eu estava. No meu caso, assim que me converti, fui sendo cheio de uma convicção de que deveria dedicar minha vida ao Corpo de Cristo e à visão da minha comunidade.

Por imaturidade e arrogância da minha parte, eu achava que esse sentimento era normal e que todos deveriam ser como eu. Todavia, a verdade é que cada pessoa é um indivíduo com uma jornada de fé própria. Eu não compreendia que existiam alguns que estavam passando por diferentes processos de transformação e que cada um deles tinha o direito de decidir o seu próprio nível de comprometimento com Jesus e Sua Igreja.

Com o tempo, essa minha falta de sensibilidade começou a se tornar um problema tão sério que afetava até o meu humor. Quando via que os membros da nossa igreja não estavam tão interessados em se engajar nas programações da comunidade, eu ficava extremamente magoado com eles, ao ponto de, às vezes, ser rude e cobrar ainda mais comprometimento da parte deles. Isso gerava atritos desnecessários que prejudicavam a saúde dos meus relacionamentos. Sem perceber, eu estava me tornando um cristão orgulhoso e religioso, achando que somente eu estava apaixonado por Jesus, enquanto todo mundo estava errado. Se não fosse Deus me revelar, por meio do Espírito Santo e da Bíblia, que todos carecemos de graça e misericórdia (inclusive eu), jamais teria começado a corrigir essa mentalidade tóxica e a deixar de julgar o próximo por suas obras.

Todos falhamos, mas juntos somos mais fortes para guerrear e superar as fases e obstáculos que forem surgindo pelo caminho. Não temos como ser Igreja sozinhos. E é fundamental reconhecer a necessidade que temos do outro. Precisamos uns dos outros, e não só isso, mas também é necessário reconhecer e valorizar as pessoas, a essência de cada um, os seus dons, serviço e qualidades. Nós temos de entender a graça de Deus na vida do próximo.

Muitas vezes, como Igreja, temos julgado e apontado o dedo demais para as pessoas, por causa da ótica egoísta que a religião tem plantado em nossos corações. Essa mesma ótica é a que nos faz pensar que somos superiores, mesmo que não percebamos, e que os nossos erros não são assim tão graves quanto aqueles que alguns cometem. E é justamente essa visão distorcida de nós e do outro que nos leva para longe d'Aquele que oferece a graça que negamos a nossos irmãos.

Deus, por outro lado, nos enxerga a partir de uma perspectiva amável, bondosa e paciente, pautada na graça. Quando Jesus lavou os pés dos discípulos, Ele sabia que alguns deles iriam traí-lO e negá-lO, mas ainda assim insistiu neles. A nossa humanidade, porém, tem a tendência de pôr fim em tudo em que julgamos não ser necessário investimento. Com uma mentalidade egoísta, o que não dá certo, aos olhos de muitos, é digno de ser descartado, afinal não existe tempo a perder. Mas Jesus não pensa assim. Ele nunca coloca um ponto-final onde é para pôr uma vírgula. Talvez algumas pessoas que você conheça estejam travadas em seu desenvolvimento como cristãos, mas Deus nunca transforma uma pequena pausa ou falha no crescimento em um encerramento definitivo, pelo contrário, Ele sempre oferece segundas, terceiras e inúmeras chances de nos recuperarmos e continuarmos avançando em direção a Ele, que é O único sem defeito algum.

Dentro disso, é importante mencionar que a primeira e talvez uma das maiores funções da graça seja trocar a nossa ótica pela de Cristo. Em outras palavras, ela nos leva a enxergar que não merecíamos Jesus, mas Ele se entregou. Essa foi a imerecida, constante e maravilhosa graça derramada. E isso, volto a dizer, não abre espaço para libertinagem ou um liberalismo distorcido. A graça não significa aceitar tudo que os outros fazem, e sim conseguir enxergá-los como Cristo enxerga. Jesus não nega o pecado, Ele o percebe, mas tem a Sua forma de se relacionar com o pecador. Isso, porque, quando nos referimos ao pecado, colocamos o ser humano em uma posição de morte e sofrimento, afinal é isso o que ele gera. E, pensando por esse ângulo, o que está em jogo não é o pecado, e sim o pecador, uma vez que quem sofre as consequências da falibilidade humana são as próprias pessoas. Quando julgamos alguém por um erro, não estamos colocando em cheque apenas uma atitude negativa, mas um(a) filho(a) amado(a) de Deus que está em processo de aprendizagem. Logo, se sabemos que Deus entregou o Seu Filho, por meio da graça, em favor do homem, não temos outra opção senão enxergar o outro através dessa graça que respeita o processo na vida do outro. A perspectiva muda. Sim, Deus abomina o pecado, mas Ele ama o pecador.

Então, se passamos a viver essa verdade dentro da igreja, sendo nós pastores, líderes de pequeno grupo ou pessoas que servirão lavando o banheiro, a realidade de nossas comunidades mudará de maneira integral, porque enxergaremos o próximo a partir da ótica do Mestre. Não podemos nos esquecer de que todos nós, no Corpo de Cristo, estamos engajados na mesma missão e debaixo do mesmo propósito. Não somos competidores ou inimigos, mas família, e precisamos sempre manter isso em mente ao longo da jornada.

Além disso, ainda sobre as funções da graça, é interessante perceber e mencionar que ela tem como segunda função incitar o amor em vez do repúdio. Principalmente os que são chamados para o ministério eclesiástico estão constantemente se deparando com situações desafiadoras e extremamente delicadas que envolvem líderes, ovelhas ou outros, mas quando a cultura da graça está firmada dentro de uma comunidade, as situações ganham uma nova perspectiva a partir da oportunidade de amar em vez de repudiar, tratar em vez de excluir.

O mundo odeia, ojeriza, tem repulsa e se move por uma plataforma de vingança. O ferido fere. O abusado abusa. O oprimido oprime. E, assim, o ciclo se perpetua. Apenas o encontro com a graça divina e o amor de Deus é capaz de reverter essa realidade. Nós, como Igreja de Cristo, precisamos nos preocupar mais com as pessoas do que com as faltas que elas cometem, seja contra nós ou não. O problema é que, quando não temos o caráter de Cristo e insistimos em viver uma vida cristã plástica, que só marca presença nos cultos de domingo, tornamo-nos escravos da nossa carnalidade, sendo praticamente impossível a extensão dessa graça para quem quer que seja.

Precisamos parar de apontar o dedo, excluir e afastar. A graça atrai. E quando passamos a cultivar essa cultura, colhemos mais benefícios do que imaginamos. Imagine só se, em vez de condenar ou até mesmo disciplinar de forma errada as nossas ovelhas, escolhêssemos amá-las, elas se sentiriam muito mais livres para confessar erros e pecados, por exemplo. Isso, porque, apesar de saber que seriam disciplinadas, não existiria acusação, apenas uma correção em amor. E se tem algo que necessitamos aprender é confrontar em amor. Somente este tipo de disciplina é capaz de permitir que a mudança efetiva aconteça. Só assim as pessoas podem perceber Cristo sendo formado nelas.

A terceira função da graça é que a compreensão dela nos permite fazer tudo com gratidão. Se amamos a Deus verdadeiramente e nos relacionamos com Ele, é natural que vivamos pautados nela. A gratidão denuncia um coração humilde e satisfeito. Quanto mais nos relacionamos com Deus, mais nos deparamos com a Sua bondade e amor, e, assim, somos constrangidos a viver sempre agradecidos. Essa mentalidade está intimamente relacionada com a revelação de que tudo o que temos vem d'Ele e é por Ele, assim como Paulo cita em Romanos:

> Pois dele, por ele e para ele são todas as coisas. A ele seja a glória para sempre! Amém. (Romanos 11.36)

Esse estilo de vida de glorificar a Deus em todas as situações e ter um coração grato tem tudo a ver com a graça pelo simples fato de que, muitas vezes, não deixaremos de fazer o mal ou estender graça para o outro porque nos tornamos bonzinhos. Em alguns momentos, em nossa natureza humana, não faremos isso por causa das pessoas, e sim pela compreensão de que devemos glorificar e agradar a Deus em tudo. Fazendo isso, matamos a nossa carne, e Jesus é glorificado.

A quarta função da graça é que, por meio dela, somos capazes de entender os processos na vida do outro. Em outras palavras, a partir desse dom divino entendemos que cada pessoa está em um nível de espiritualidade, maturidade e conhecimento diferente, e que devemos respeitar essas fases. Isso quer dizer que a graça nos permite entender o que Deus está fazendo e a forma como está agindo na vida das pessoas. Assim, além de podermos evitar a interrupção desse processo divino, entendemos também que Cristo está sendo formado em cada indivíduo, ou seja, a transformação está acontecendo. Seja cura, libertação, mudança de mentalidade, hábitos, compreensão teológica ou qualquer outra coisa, isso nos indica que está havendo uma espiritualidade crescente nessas vidas. Porém, essa transformação só tem espaço para acontecer em uma atmosfera de amor e graça.

Em contrapartida, se nivelamos todo mundo com a mesma régua, isso é prejudicial para a saúde da igreja. A liderança, os pastores ou os mais maduros na fé precisam compreender o processo na vida dos novos convertidos. Até mesmo os grandes líderes que conhecemos e admiramos tiveram os seus pequenos começos. Todos eles precisaram se submeter aos processos e transformações divinas, e continuam tendo de passar por isso até hoje. Desse modo, pouco a pouco, durante a nossa caminhada cristã, somos aperfeiçoados à semelhança de Cristo. E ninguém está imune a isso.

Por fim, a quinta função da graça é que ela nos permite ser Igreja em vez de fazer Igreja. Muito se discute a respeito do ser e fazer. O interior *versus* o exterior. Mas, independentemente do que quer que seja, é unânime que o DNA sempre será mais importante do que a estética. Não podemos inverter o valor dessas duas coisas, porque, quando isso acontece, caímos no erro de pensar que o que fazemos define a nossa condição de ser, e isso jamais pode ocorrer.

O segredo para vivermos plenamente felizes e realizados, seja em comunidade ou não, é entendermos que, apesar do que fazemos, somos amados por Deus. Essa precisa ser a verdade que nos define. Se, porventura, você perdesse o seu emprego hoje ou algum talento que possui, conseguiria viver plenamente feliz? Se você, por acaso, sofresse um acidente ou fosse acometido por uma doença e perdesse os braços, as pernas ou a sua voz, e nunca mais pudesse fazer aquilo em que é bom ou ama, ainda assim encontraria satisfação em Deus? Não importa o que ou o quanto podemos fazer, precisamos nos lembrar de que ainda que coisas como essas aconteçam, somos amados por Ele, e isso precisa ser suficiente.

O fazer sempre será ingrato e trará uma falsa sensação de contentamento, porque, ainda que nos esforcemos, isso sempre exigirá cada vez mais de nós, enquanto a condição de sermos amados por Deus não exige nada. Somos amados porque Ele escolheu nos amar. Não precisamos fazer, merecer, nem mesmo ter consciência de que esse amor existe. Porém, quando possuímos entendimento e nos abrimos para ele, somos completamente transformados.

E é aqui que percebemos a cultura da graça, porque é por meio dela que somos livres para viver a essência e a leveza de apenas ser. Isso não significa que o fazer não seja importante ou que não devamos nos importar com ele, mas que a nossa identidade, definitivamente, precisa vir antes. Ou seja, o fazer tem de ser uma consequência do ser, pois, somente assim, o que fazemos se torna natural e sustentável. Nós servimos, amamos os outros, doamo-nos, dialogamos, abraçamos e acolhemos, independentemente da roupa, do comportamento ou até mesmo se concordamos com sua visão de mundo ou não, porque essa é a nossa essência como Igreja de Cristo. Apenas a graça permite algo assim.

Dessa maneira, a graça divina inicia um processo contínuo de amor e serviço ao próximo, o que permite à Igreja alcançar até mesmo aqueles que estão muito longe do centro da vontade Deus. Consequentemente, quando uma pessoa tem a sua mentalidade transformada por ela, passa a compreender o ciclo e consegue estender graça sobre outras pessoas. Estas, por sua vez, são confrontadas por uma nova perspectiva baseada no amor incondicional de Deus. Então, a partir dessa nova realidade revelada por meio de uns para com os outros, a transformação começa a se expandir por toda a Igreja e transbordar para fora das quatro paredes da comunidade.

 E não para por aí. Quanto mais enxergamos as pessoas a partir da perspectiva do amor de Deus, mais fácil se torna enxergarmos o próximo com a visão divina, e não humana. E isso não só transforma a vida das pessoas à nossa volta, como também permite que a caminhada cristã seja muito mais fluida e produtiva. No instante em que tiramos as barreiras do julgamento, da religiosidade vazia e da falta de unidade e amor ao próximo, boa parte das dificuldades que temos em cooperar com o Corpo de Cristo se desfaz automaticamente.

 Portanto, ao nos depararmos com tantas manifestações da graça, podemos concluir que, sim, ela troca a nossa ótica pela ótica de Cristo, permite-nos amar em vez de repudiar, faz-nos gratos, motiva-nos a entender os processos na vida dos outros, e nos faz ser Igreja em vez de fazer Igreja. Mas, principalmente, a graça torna possível o acesso ao Pai, que é quem nos dá direção, alinhamento e correção para seguirmos em nossa caminhada juntos.

3. A consciência do nosso

✦✦✦

Talvez uma das maiores dificuldades do ser humano seja colocar-se no lugar do outro genuinamente. Em várias situações, são os nossos próprios desejos e preocupações que tomam conta do nosso consciente, e passamos a adotar o egoísmo como rotina. Todas as pessoas, por melhores que sejam, têm a tendência de, na maioria das vezes, preocupar-se com os seus próprios interesses, gostos, vontades e o que é melhor para si. Entretanto, algo que sempre me chamou a atenção na Bíblia é como a Igreja do primeiro século refletia a vida e o caráter de Jesus através da consciência e celebração do trabalho coletivo:

> Todos os que criam mantinham-se unidos e tinham tudo em comum. Vendendo suas propriedades e bens, distribuíam a cada um conforme a sua necessidade. Todos os dias, continuavam a reunir-se no pátio do templo. Partiam o pão em suas casas, e juntos participavam das refeições, com alegria e sinceridade de coração, louvando a Deus e tendo a

simpatia de todo o povo. E o Senhor lhes acrescentava todos os dias os que iam sendo salvos. (Atos 2.44-47)

Para eles, as pessoas não eram somente importantes, mas faziam parte da família. Eram unidos, tinham tudo em comum, partiam o pão, faziam todas as refeições juntos, e até mesmo vendiam suas propriedades e bens para distribuir igualmente entre todos. Através dessa união que Cristo deixou como legado, os discípulos espalhavam boas obras e traziam a realidade daquilo que seriam os primeiros passos do Corpo de Cristo manifestando o Reino de Deus na Terra. Em contrapartida a essa verdade, hoje em dia, temos presenciado cada vez mais o reinado do humanismo, egocentrismo e outros "ismos", que pregam a necessidade de sermos autossuficientes e independentes. A questão é que, por pior que seja, isso já é esperado de um mundo caído.

Por mais sutis que sejam, muitas vezes conseguimos detectar esse tipo de comportamento destrutivo dentro de nossas comunidades, quando, por exemplo, não valorizamos nem nos alegramos com o dom, as qualidades, o serviço e até mesmo o êxito do outro. Nesses casos, pensamos: "Ah, mas é fácil ser do louvor, ser líder daquele pequeno grupo ou ter a vida da pessoa x ou y". Porém, não nos damos conta de que, apesar do nosso chamado coletivo, Deus também nos chamou para ser e viver algo diferente dos outros. Mesmo assim, muitos têm se frustrado por estarem investindo em algo que Deus não os chamou para fazer ou porque ainda não têm feito o que Ele designou para eles. Cada um de nós carrega algo especial e único e, como Igreja, precisamos aprender a celebrar isso, afinal, se somos Corpo, as qualidades, vitórias, dons e sucessos de um dizem respeito a todos nós. O que acontece com um, acaba, automaticamente, afetando o outro também. Tudo o que fazemos individualmente tem impacto na coletividade.

Entretanto, só conseguimos enxergar por essa perspectiva quando nos colocamos no lugar do outro e temos a noção do todo. Essa "consciência do nosso" é o que nos permite entender que somos responsáveis uns pelos outros, que o que é meu é seu, e que a sua luta ou vitória é a minha também, porque somos comunidade. Não adianta frequentarmos a igreja se não temos a mentalidade de família e unidade. Quanto mais cedo percebermos isso, mais desejaremos vibrar, zelar e compartilhar com os outros.

Alguns, infelizmente, por não terem a compreensão dessa verdade, têm se isolado e vivido como órfãos, desconsiderando as opiniões, amizades e comunhão com a família de Cristo. Sim, é essencial nos relacionarmos com Deus e sabermos o que Ele pensa sobre nós, mas é também muito necessário conhecer o que as pessoas pensam a nosso respeito, porque estamos nessa jornada juntos, e o que somos e fazemos afeta o todo. Nesse mesmo sentido, o livro de Atos 6 consegue exemplificar o que essa consciência coletiva significa:

Naqueles dias, crescendo o número de discípulos, os judeus de fala grega entre eles queixaram-se dos judeus de fala hebraica, porque suas viúvas estavam sendo esquecidas na distribuição diária de alimento. Por isso os Doze reuniram todos os discípulos e disseram: "Não é certo negligenciarmos o ministério da palavra de Deus, a fim de servir às mesas. Irmãos, escolham entre vocês sete homens de bom testemunho, cheios do Espírito e de sabedoria. Passaremos a eles essa tarefa e nos dedicaremos à oração e ao ministério da palavra". Tal proposta agradou a todos. Então escolheram Estêvão, homem cheio de fé e do Espírito Santo, além de Filipe, Prócoro, Nicanor, Timom, Pármenas e Nicolau, um convertido ao judaísmo, proveniente de Antioquia. Apresentaram esses homens aos apóstolos, os quais oraram e lhes impuseram as mãos. Assim, a palavra de Deus se espalhava. Crescia rapidamente o número de discípulos em Jerusalém; também um grande número de sacerdotes obedecia à fé. (Atos 6.1-7)

Nessa passagem, a Bíblia não se refere a sete homens que se disponibilizaram a tocar no louvor ou a pregar em uma igreja local, mas a pessoas que se prontificaram a ir na casa de viúvas e levar cestas básicas. Agora, qual dessas atividades é a mais importante? Todas. Na ótica de Deus, todas são essenciais. É por isso que precisamos nos certificar de que os que são chamados para cada área estejam exercendo, de fato, o que o Senhor lhes convocou a fazer. Se todos nós atuamos naquilo que fomos chamados a exercer, contribuímos em unidade para criar realidades saudáveis na igreja local, exaltando a Cristo e amando as pessoas.

O interessante de pensarmos constantemente no todo é que passamos a visualizar a Igreja não apenas como uma fatia de pizza, mas como a pizza inteira. Nem sempre a metade dela terá o nosso sabor preferido. Até porque nem mesmo seríamos capazes de comê-la inteira sozinhos. Talvez, na verdade, grande parte nem passe por nós. Ou, em outras palavras, nem diga respeito às áreas que dominamos, mas somos um Corpo, e o talento, sucesso e progresso de um é o ganho de todos. Dentro disso, devemos nos lembrar que, para que a pizza cresça, é necessário que toda a massa se desenvolva, e não apenas uma fatia. Pense no quão esquisito e desequilibrado seria se apenas um pedaço da pizza crescesse, e não ela inteira. Esta é a Igreja. O crescimento precisa ser proporcional e compreendido por todos, mesmo que o resultado não atinja diretamente a todas as áreas de imediato.

Além disso, quando pensamos no coletivo, não temos problema com ego, porque entendemos que seja limpando banheiros, dando aulas de batismo, pastoreando, liderando louvor ou pregando, todos têm a mesma importância e valor para Deus. Dessa forma, paramos de pensar somente naquilo que fazemos individualmente e focamos no que somos chamados e podemos fazer juntos.

Em minha igreja local, de tempos em tempos, fazemos algo que passou a contribuir diretamente para inspirar a "consciência do nosso" nas pessoas: a prestação de contas dos recursos financeiros que entram e são gastos. Como resultado disso, a congregação fica ciente dos custos da comunidade, para que entenda que não pensamos de forma individual, mas compreendemos o todo. Fazemos isso porque compreendemos que finanças correspondem a uma parte muito importante de nossas vidas, e a maneira como a igreja investe esses recursos afeta e influencia diretamente a todos, inclusive os que não participam dessa entrega. Além disso, entendemos que, ao nos posicionar dessa maneira, estamos comunicando transparência para a comunidade e aproximando as pessoas ao mostrar que todos os recursos são alocados para gerar benefícios para o todo, e não apenas para uma área ou ministério específico.

Às vezes, nem pensamos profundamente, mas as nossas mais simples ações podem afetar o futuro de muitas pessoas. Você pode não parar para refletir, mas as ofertas que você doa podem salvar pessoas da miséria espiritual e física, e talvez você nunca conheça nenhuma delas, mas, quando chegar no Céu, verá a recompensa por ter aberto mão de algo valioso pensando no benefício do todo. E o dinheiro é apenas um dos exemplos. Aqui, nos referimos a tudo na vida: dons, tempo, serviço e qualquer coisa que possamos dar para contribuir com a expansão do Reino na Terra.

Isso não tem a ver com pessoas específicas, mas com o Reino de Deus. É como 1 Coríntios 3 diz:

Eu plantei, Apolo regou, mas Deus é quem fazia crescer; de modo que nem o que planta nem o que rega são alguma coisa, mas unicamente Deus, que efetua o crescimento. O que planta e o que rega têm um só propósito, e cada um será recompensado de acordo com o seu próprio trabalho. Pois nós somos cooperadores de Deus; vocês são lavoura de Deus e edifício de Deus. Conforme a graça de Deus que me foi concedida, eu, como sábio construtor, lancei o alicerce, e outro está construindo sobre ele. Contudo, veja cada um como constrói. (1 Coríntios 3.6-10)

Aquele que tem a consciência do todo não está preocupado em colher, receber reconhecimento ou aplausos, mas está concentrado apenas em servir, independentemente se verá a colheita ou deixará para a próxima geração colher o que foi plantado. Quem tem a consciência coletiva age de forma intencional para gerar impacto, não com uma mentalidade egoísta, que só pensa em receber, mas com o propósito de que o próximo seja tocado, abençoado e receba.

Não sei se você sabe, mas nós estamos recebendo bênçãos e usufruindo de coisas que outras gerações plantaram no passado. Estamos colhendo frutos que nossos pastores, intercessores, líderes, família, pais, avós e até mesmo pessoas que nem conhecemos plantaram há muitas décadas atrás, por meio de orações, trabalho e investimento de recursos. Da mesma maneira, essas pessoas também colheram o que seus antepassados semearam no espírito, e nós estamos plantando para que outras vidas colham lá na frente. A obra de Deus não se limita a nós. É tudo sobre o coletivo.

A Igreja é o meio que Jesus escolheu para expandir o Seu Reino, e por isso também há a necessidade de pensarmos e estarmos engajados com o todo. É a noiva de Cristo que nos fará crescer, desenvolver, ser tratados, equipados e enviados. E quanto mais nos engajarmos juntos nesse processo de crescimento, amadurecimento e desenvolvimento como Igreja, mais seremos saudáveis e teremos autoridade para ser voz para esta geração e a próxima. Não é sobre nós apenas, mas sobre o quanto Deus quer abençoar e encontrar as pessoas que serão tocadas através da nossa disposição. Ele não nos abençoa ou coloca dons e talentos em nós para que isso se limite à nossa vida, e sim para que alcance as pessoas do nosso campo de influência. É tudo sobre servir o outro.

Por isso, é importante fazer um mapeamento das pessoas que nos cercam, para que possamos, como parte de um Corpo, e não isolados, alcançar aqueles que estão ao nosso redor. O próprio apóstolo Paulo nos mostra, em sua jornada, como conseguia se conectar com todos os que o acompanhavam:

> Porque, embora seja livre de todos, fiz-me escravo de todos, para ganhar o maior número possível de pessoas. Tornei-me judeu para os judeus, a fim de ganhar os judeus. Para os que estão debaixo da lei, tornei-me como se estivesse sujeito à lei, (embora eu mesmo não esteja debaixo da lei), a fim de ganhar os que estão debaixo da lei. Para os que estão sem lei, tornei-

-me como sem lei (embora não esteja livre da lei de Deus, mas sim sob a lei de Cristo), a fim de ganhar os que não têm a lei. Para com os fracos tornei-me fraco, para ganhar os fracos. Tornei-me tudo para com todos, para de alguma forma salvar alguns. Faço tudo isso por causa do evangelho, para ser coparticipante dele. (1 Coríntios 9.19-23)

Paulo se inseria na sociedade de forma planejada, com a intenção de transformar as vidas que encontrava. O apóstolo era estratégico em seu chamado, pois tinha a consciência do poder de transformação que o Evangelho possuía. Assim como ele, é fundamental que aprendamos a olhar pela ótica das outras pessoas, para que possamos, de fato, impactar suas vidas. E foi exatamente o que aconteceu comigo há um tempo.

Certa vez, fui convidado para pregar em uma igreja e, após o término do culto, uma senhora que eu não conhecia se aproximou de mim e disse:

— Oi, pastor, tudo bem? Só queria dizer que eu tenho mandado várias pessoas para a sua igreja local.

Eu, encucado, sem entender muito bem por que ela não os convidava para a sua própria igreja, sorri e perguntei:

— Sério, irmã? Mas como assim?

— Ah, pastor, eu envio os homossexuais, os marginalizados, excluídos e quebrados, todos que conheço para a sua igreja, pois sei que eles serão bem recebidos lá. Faço isso porque, infelizmente, reconheço que eles seriam rejeitados na minha comunidade.

Naquele momento, fiquei feliz, porque entendi que as pessoas estavam nos enxergando como uma comunidade agregadora, e não como uma instituição religiosa. Estávamos mesmo cumprindo o nosso papel. A Igreja nasceu para servir os outros, acolher o todo, sem julgar ou esperar nada em troca. Ela é igual para a criança, para o idoso, jovem, adulto, para o pecador, para o maduro na fé, para o coletivo.

Por isso, quero inspirar você a tirar os olhos do seu umbigo. Olhe para o próximo, importe-se, doe-se, ame e cultive uma "consciência do nosso". Alguns irão abençoar você, outros, você irá abençoar, e assim vamos crescendo e caminhando em direção ao cumprimento do nosso propósito juntos.

O problema é que temos a tendência de pensar em nós mais do que imaginamos. Hoje, existe algo demoníaco no meio evangélico que tem feito com que abramos as redes sociais como se fossem um cardápio, olhemos as opções de pregadores e igrejas à disposição, e o que mais nos agradar em termos de conteúdo e estética, é para onde vamos naquele final de semana. A mensagem que mais nos atrair, o que for mais parecido com o que achamos que precisamos, é para onde nos encaminharemos. Com isso, muitos cristãos têm se tornado idólatras, amantes de suas vontades.

A tônica do Reino não enfoca você, o que você gosta ou quer, mas é a respeito dos outros e daquilo que Deus quer de você, individual e coletivamente. A questão, na verdade, é sobre a sua decisão de ser Igreja dentro da sua casa, ser o melhor marido, a melhor esposa, abrir o seu lar para um pequeno grupo que servirá os irmãos, é sair da igreja e orar por alguém. É sobre você ser um cristão cheio do Espírito Santo, que ama a Palavra de Deus a ponto de querer estudá-la de capa a capa e honrar a sua igreja local em vez de difamar o que não gosta. Assim, no momento em que nos colocamos nessa posição, deixamos de ser fiscais da religião para ser Igreja.

Por sua vez, aqueles que ainda não têm uma consciência do todo, geralmente, são muito críticos, não no sentido construtivo, mas nocivo, que contamina. Para eles, nada está bom, nada é suficiente, e toda situação é uma oportunidade para alfinetar, ferir, desmotivar e acusar os erros. Ao mesmo tempo, entretanto, grande parte dessas pessoas também não querem colocar a mão na massa para mudar o que criticam. Isso acontece porque, sinceramente, nenhuma delas se enxerga como parte do que está sendo construído, mas apenas como espectadores. Talvez você conheça alguém assim ou você mesmo esteja nessa condição. Se for esse o caso, em vez de criticar, escolha fazer parte do que Deus está fazendo em sua comunidade, bairro, estado, e até mesmo no Brasil. Admitir o erro nem sempre é fácil, mas é o primeiro passo para uma mudança genuína. Por outro lado, vale lembrar que essa transformação sempre virá de dentro para fora. Apenas o Espírito Santo pode trocar as suas motivações, caráter, pensamentos e ideias preconcebidas. Permita que Ele faça a limpeza que seu coração e mente precisam. E não se esqueça: à medida que você for tratado, menos crítica, necessidade de reconhecimento humano e menos egoísmo você terá dentro de si.

Há algum tempo, eu e minha esposa estávamos saindo de uma reunião na igreja e fomos buscar os nossos filhos pequenos na casa dos meus sogros. Tínhamos marcado com eles às 21h30, e assim que o horário bateu, estávamos na porta da casa deles. Permanecemos ali por um tempo conversando, enquanto arrumávamos nossas crianças, Lucca e Lara, para irmos embora. Nós nos despedimos dos meus sogros, entramos no carro e, pouco tempo depois, os pequenos já estavam dormindo no banco de trás. Foi quando percebi que o pneu estava furado. Não consigo explicar o meu sentimento naquele momento. Com os dois filhos pequenos dormindo, o porta-malas abarrotado de carrinhos de bebês, bolsas, brinquedos e livros, e, ainda por cima, o horário tarde da noite, confesso que naquele instante não sabia muito bem como reagir.

Felizmente, apesar disso, consegui chegar a um posto de gasolina que estava no caminho. Parei bem perto da máquina de calibragem e, depois de um tempo tentando encher o pneu sem sucesso, perguntei para um frentista onde poderia fazer a troca pelo estepe. Ele, solícito, apontou para um local onde eu podia estacionar com calma e realizar o procedimento. Entrei no carro, dirigi alguns metros e estacionei. Com a ajuda da minha esposa Isa, arrancamos absolutamente tudo do porta-malas. Então, peguei a chave de roda, tirei o pneu, coloquei o macaco e iniciei a troca. Entretanto, assim que segurei o estepe em mãos, percebi que ele também estava furado. Cansado, resolvi ligar para o meu sogro, que rapidamente saiu de casa e nos encontrou naquele posto. Assim que chegou, todos entramos no carro, e meu sogro e eu deixamos os bebês e a minha esposa na casa dele, depois nos dirigimos ao borracheiro mais próximo. Como o pneu estava cortado, não tinha como arrumar, tivemos de procurar outra borracharia. Acredite se quiser, nem aquela nem outras duas borracharias que fomos em seguida tinham o pneu. Ao todo, já havíamos parado em quatro estabelecimentos e nem um deles tinha o pneu do aro do meu carro. Era quase meia-noite quando o moço da última borracharia indicou uma concorrente. Seguimos as coordenadas que ele havia passado e, pouco tempo depois, estávamos lá. O lugar era extremamente pequeno e simples. E, para a minha surpresa, o borracheiro não apenas morava ali, como também dormia no próprio local de serviço. Bem no meio da oficina, ele tinha colocado uma cama, que estava suja e velha. Da porta, pedi licença e perguntei se ele tinha um pneu aro 18. Apesar de estar desconfiado pelo horário e não me enxergar por causa da escuridão, ele respondeu: "Eu tenho sim, o último!".

Assim que aquele homem respondeu, senti o Espírito Santo me dizendo: "Até agora você estava achando que o acontecimento era sobre o pneu? Não, é tudo a respeito deste rapaz". Sem pensar duas vezes, desci do carro e lhe disse: "Irmão, vou ficar com o pneu, mas me diz uma coisa, você conhece Jesus?". A partir daquele momento, começamos a conversar e ele me contou que se convertera quando adolescente, mas havia se desviado. O seu tio tinha sido morto em frente à borracharia e a vida daquele homem havia sido dolorosa e trágica desde então. Ficamos conversando por uma hora. Eu o evangelizei e, naquela noite, ele foi encontrado pelo amor de Deus.

A situação, definitivamente, não era sobre mim, o meu carro ou a minha dificuldade, o alvo era aquele homem. Sempre é a respeito das pessoas. E é por esse motivo que precisamos ter uma consciência do todo, porque, apenas assim, não limitaremos a nossa vida às quatro paredes da igreja ou às nossas necessidades. O que realmente importa não são pneus que precisam ser consertados, mas sim os corações que necessitam ser encontrados por Deus. Eu poderia ter pensado somente no meu problema, no horário, no meu cansaço, na frustração ou até mesmo na minha família que ainda não tinha chegado em casa, porém, o foco de Deus nessa situação era resgatar aquela vida.

Nós sempre teremos a chance de obedecer a voz do Espírito Santo ou não. É uma escolha nossa participar do que Ele está fazendo, porém, se queremos viver aventuras com Deus, precisamos estar dispostos a abandonar o nosso conforto e egoísmo, e ser guiados por Ele. No instante em que nos propomos a isso, percebemos que o nosso curso superior não é só um curso, que o nosso salário ou trabalho não é por acaso, que a cidade onde moramos, as conexões que fazemos ou até mesmo os nossos gostos pessoais têm um propósito. Deus quer nos usar individualmente, mas também tudo o que Ele já colocou em nós, para afetar e transformar o coletivo que nos cerca. Isso é levar o Reino de Deus de forma efetiva. Isso é ser Igreja.

4. As pessoas vêm antes das tarefas

✦✦✦

Quando falamos que Igreja não se faz no singular, muitos de nós temos a tendência a nos atentar bem mais para o que cada um é capaz de fazer pelo Corpo de Cristo do que para quem somos diante do Senhor. Frequentemente determinamos o nosso valor e o das pessoas com base no quão produtivos e ocupados podemos ser, ou até mesmo no quão "rentáveis" somos para a sociedade e para o Reino de Deus. Essa ótica, incutida em nós pelo mundo, faz com que valorizemos muito mais o "fazer" do que o "ser", ignorando completamente o fato de que tudo que realizamos deve ser um subproduto da nossa identidade em Cristo. Isso, porque, para o Senhor, pessoas sempre serão mais importantes do que qualquer serviço ou tarefa que possam desempenhar. Ou seja, não é sobre o que fazemos, mas sobre quem somos. Jesus morreu por todos os seres humanos. Ele venceu o inferno para cumprir a vontade do Pai, que é nos salvar da morte eterna. E, por esse motivo, as pessoas precisam ser o nosso maior tesouro também.

Na Bíblia, existem diversos textos que reforçam esse princípio, mostrando que o Senhor valoriza muito mais quem somos diante d'Ele e o que está em nossos corações do que o que fazemos para Sua obra. O próprio Jesus nos ensina sobre isso, no capítulo 7 do evangelho de Mateus, quando revela aos Seus discípulos que um verdadeiro servo de Deus não será reconhecido pelo volume de boas obras que cumpriu, mas pela sua obediência e temor ao Senhor.

> A árvore boa não pode dar frutos ruins, nem a árvore ruim pode dar frutos bons. Toda árvore que não produz bons frutos é cortada e lançada ao fogo. Assim, pelos seus frutos vocês os reconhecerão! Nem todo aquele que me diz: "Senhor, Senhor", entrará no Reino dos céus, mas apenas aquele que faz a vontade de meu Pai que está nos céus. Muitos me dirão naquele dia: "Senhor, Senhor, não profetizamos nós em teu nome? Em teu nome não expulsamos demônios e não realizamos muitos milagres?" Então eu lhes direi claramente: "Nunca os conheci. Afastem-se de mim vocês, que praticam o mal!" (Mateus 7.18-23)

Outro trecho das Escrituras que ilustra o princípio de que pessoas são mais importantes do que tarefas está em Lucas 10, no qual o Mestre e Seus discípulos são recebidos na casa de Marta e Maria:

Caminhando Jesus e os seus discípulos, chegaram a um povoado, onde certa mulher chamada Marta o recebeu em sua casa. Maria, sua irmã, ficou sentada aos pés do Senhor, ouvindo-lhe a palavra. Marta, porém, estava ocupada com muito serviço. E, aproximando-se dele, perguntou: "Senhor, não te importas que minha irmã tenha me deixado sozinha com o serviço? Dize-lhe que me ajude!" Respondeu o Senhor: "Marta! Marta! Você está preocupada e inquieta com muitas coisas; todavia apenas uma é necessária. Maria escolheu a boa parte, e esta não lhe será tirada". (Lucas 10.38-42)

Marta desejava honrar a presença de Jesus servindo-O, pois culturalmente esta era a forma de uma mulher demonstrar apreço e admiração por um mestre. Para ela, a melhor maneira de honrar a Jesus e Seus discípulos era recebê-los da forma mais hospitaleira possível. Por isso, ao ver sua irmã Maria assentada aos pés do Mestre, aparentemente sem fazer nada, ela ficou inconformada ao ponto de pedir ao Senhor para repreendê-la. Contudo, diferentemente do que Marta imaginava, Jesus não só não corrigiu sua irmã, como também a alertou dizendo que estava tão ansiosa e ocupada que acabara perdendo a melhor parte: a Sua presença. Em outras palavras, na busca por aprovação por meio do "fazer", ela não percebeu que o mais importante naquele momento era estar na presença do Senhor. O fundamental não era mostrar produtividade, mas investir em intimidade. Quantas vezes nós mesmos não nos comportamos como Marta e buscamos a aprovação de Deus por meio do serviço, quando tudo o que Ele deseja somos nós?

É interessante destacar que, em momento algum, Jesus desvalorizou o serviço e o coração voluntário de Marta. O Senhor nunca a repreendeu por estar trabalhando e servindo, porque Ele jamais foi contra isso. Pelo contrário, a Bíblia constantemente diz que o nosso Senhor fez tantas obras que é provável que não houvesse espaço no mundo para armazenar todos os registros daquilo que Ele realizou em Seu ministério. Ou seja, o que Marta estava fazendo não era errado ou ruim. Ela estava servindo, cuidando e honrando as visitas em sua casa. Aquilo era bom, porém o bom não era o melhor naquele instante. Ali, o melhor era reconhecer a presença do Senhor e se achegar a Ele, sabendo que Jesus a amava, independentemente do que ela podia fazer.

A maior preocupação de Cristo sempre foi as pessoas, não o que elas faziam. Obviamente, o que fazemos – nossa profissão, formação e ministério – também é parte do propósito de Deus, mas não é o mais importante. E se isso não for claro para nós, por mais que tenhamos fé na graça e conheçamos ao Senhor, podemos facilmente cair no engano de que Deus nos amará ou abençoará mais de acordo com a nossa eficiência em tarefas realizadas, nossa impecabilidade em disciplinas espirituais ou generosidade em nossas ofertas. Isso é uma grande mentira que precisa ser combatida diariamente, porque, se dermos ouvidos a ela, estaremos fadados à ansiedade, como Marta, e cairemos em um perigoso ativismo religioso.

Por isso, precisamos estar sempre alertas, uma vez que é muito fácil entrar na rotina de "fazer para ser", aprisionando-nos à hiperatividade enquanto esperamos uma recompensa: atenção. Sendo assim, quando servimos, devemos sempre nos perguntar: Qual é a minha motivação ao cumprir essa tarefa? Eu estou realizando isso por que Deus me pediu ou por que eu quero ser notado? Será que eu estou negligenciando as pessoas e ao Senhor enquanto faço isso?

As igrejas locais são ambientes extremamente funcionais. E a sua funcionalidade depende muito do trabalho das pessoas. Portanto, devemos valorizar o serviço, mas sem deixar de colocar o amor pelo próximo como prioridade. A exemplo disso, em sua primeira carta aos Coríntios, no capítulo 13, o apóstolo Paulo destaca que o amor é mais importante do que os dons, porque é justamente ele que traz propósito ao que fazemos:

> Ainda que eu fale as línguas dos homens e dos anjos, se não tiver amor, serei como o sino que ressoa ou como o prato que retine. Ainda que eu tenha o dom de profecia e saiba todos os mistérios e todo o conhecimento, e tenha uma fé capaz de mover montanhas, mas não tiver amor, nada serei. Ainda que eu dê aos pobres tudo o que possuo e entregue

o meu corpo para ser queimado, mas não tiver amor, nada disso me valerá. (1 Coríntios 13.1-3)

Em outras palavras, de nada vale curar um enfermo, ofertar a alguém, levar libertação a uma pessoa, pregar o Evangelho, discipular vidas ou usar nossos dons de alguma forma, se a nossa motivação não for amar a Deus e às pessoas. Se estamos ocupados demais fazendo muitas coisas boas, mas não temos tempo para simplesmente amar, nós não temos nada.

Hoje em dia, há uma série de livros excelentes sobre produtividade, gestão de tempo e prioridades através dos quais podemos aprender com a experiência, erros e correções de outros. Mas o conhecimento, por si só, não é bom, a menos que seja aplicado. Ou seja, se tivermos uma agenda cheia de atividades cristãs produtivas e não soubermos separar o nosso tempo de acordo com o que é prioridade – amar a Deus e ao próximo –, nossa gestão temporal estará falhando tragicamente com os propósitos divinos. A respeito disso, a própria Bíblia diz que não seremos conhecidos como discípulos pelo que fazemos, e sim pela forma como ministramos amor:

> Com isso todos saberão que vocês são meus discípulos, se vocês se amarem uns aos outros. (João 13.35)

O que João nos ensina é um princípio poderoso, mas geralmente esquecido: não seremos reconhecidos como filhos de Deus pelas tarefas que produzimos ou dons que carregamos, mas pela forma como nos importamos com as pessoas, pela maneira como perdoamos e estendemos graça uns aos outros, ou como saímos do nosso caminho para ajudar o próximo ou honrar uma pessoa.

Diante disso, vale lembrar que, mesmo tendo as melhores intenções para com as pessoas, se tentarmos servir sem amor, além de não estarmos cumprindo o Grande Mandamento de Jesus, podemos machucar vidas. Digo isso, porque já acompanhei muitos casos de líderes que, por focarem demais nas tarefas, foram insensíveis com seus liderados e, consequentemente, passaram por situações extremamente constrangedoras.

Lembro-me da história de um líder de pequeno grupo da nossa comunidade que foi muito infeliz ao confrontar um membro de sua célula que havia faltado ao culto. Por estar muito mais interessado em saber o porquê de seu discípulo não ter cumprido com o dever religioso de ir à igreja, esse líder decidiu ligar para cobrar uma justificativa assim que o culto terminasse. No momento da ligação, antes mesmo que o liderado pudesse explicar a sua ausência, o discipulador começou a chamar a sua atenção, sem mesmo perguntar como ele estava ou se havia acontecido alguma coisa. Quando aquele líder parou de chamar a atenção, o seu liderado respondeu com muita educação e uma voz carregada de tristeza: "Eu peço perdão por não ter ido ao culto hoje. Estava a caminho da igreja, porém, no meio do trajeto, recebi um telefonema dizendo que meu pai tinha falecido. E por tal motivo, não pude honrar meu compromisso". Após ouvir aquela resposta, o líder ficou extremamente envergonhado pela sua falta de sensibilidade, lamentando profundamente pela sua atitude. Humildemente, ele reconheceu o seu erro e pediu perdão ao seu liderado por tê-lo julgado e dado mais valor a tarefas cumpridas do que a pessoas.

Assim como aquele líder, muitas vezes, julgamos as pessoas sem buscar entendê-las primeiro. Em razão disso, devemos cobrar excelência, compromisso e engajamento com a cultura da igreja, mas sempre com muito amor. Ocupando ou não um cargo de liderança, precisamos compreender que as pessoas não são ferramentas ou propriedades nossas. Todos somos indivíduos que precisam ser valorizados.

Consequentemente, se o foco está mais em ver resultados e obras feitas do que fortalecer relacionamentos e edificar vidas, torna-se inevitável cairmos no ativismo religioso e ferirmos pessoas. Além disso, diante desse cenário, é muito mais provável criarmos uma atmosfera de pressão e abuso, na qual as pessoas se sentem usadas, objetificadas, em vez de amadas e parte da família.

Já tive a oportunidade de receber e atender muitas pessoas que chegaram em nossa igreja desiludidas com o Corpo de Cristo e com suas lideranças, por terem servido intensamente, investido muito de si mesmas em comunidades que não as valorizavam como indivíduos, mas apenas como prestadores de serviço voluntário. Grande parte dessas pessoas compartilhou comigo que se sentiram usadas, abusadas e sobrecarregadas, porque tinham muitas responsabilidades, mas pouco relacionamento e noção de propósito. Ao analisar e trabalhar de perto em cada um desses casos, cheguei à conclusão de que a melhor forma de prevenir e tratar situações como essas era investindo em tempo de qualidade com esses membros para conhecê-los de perto, honrá-los e orientá-los no cumprimento do seu chamado. E isso não é uma responsabilidade exclusiva dos pastores, mas de toda a Igreja como comunidade.

Viver uma vida regida pelo amor, muitas vezes, significa fazer escolhas difíceis. O amor sempre lhe custará algo, mas não amar lhe custará ainda mais. Isso, porque, apesar de o amor nos requerer sacrifício, ele ainda assim valerá a pena, pois é o único caminho pelo qual Jesus nos ensinou a prosseguir. Por isso, é necessário fazermos uma escolha. Podemos manter nosso *status* e ficar bem com o fato de que as pessoas estão se machucando, ou nos desafiar a agir de maneira diferente, investindo em relacionamentos com os outros, para dar-lhes um vislumbre de como um relacionamento com Deus é capaz de mudar suas vidas. Todos procuram por amor e relacionamentos profundos, e nós, cristãos, temos a resposta para essa busca. Tudo o que precisamos fazer é valorizar as pessoas.

Por mais que muitas áreas específicas em nossas igrejas – pequenos grupos, louvor, administração, comunicação, tesouraria, etc. – tenham a necessidade de ser preenchidas por pessoas habilidosas, responsáveis e competentes, ninguém que passa a fazer parte da nossa família espiritual deve se sentir alvo de interesse utilitarista. Todos somos aceitos e envolvidos no Corpo de Cristo, não pelas nossas obras, qualidades ou talentos, mas porque cremos no mesmo Deus, amamos a Sua Igreja e desejamos dedicar nossas vidas ao mesmo propósito.

O cristianismo sempre valorizará as pessoas acima das obras. Quando lemos os evangelhos, percebemos Jesus se relacionando com indivíduos menosprezados, como endemoniados, paralíticos, cegos, cobradores de impostos e tantos outros. Isso quer dizer que o Senhor se aproximava e transformava essas pessoas não por algum benefício que elas pudessem oferecê-lO em troca, mas porque Ele desejava estender-lhes o amor de Deus e convidá-las para se tornarem parte do Seu Reino. O Senhor quer despertar em nós uma sensibilidade para enxergar além do que cada um faz, de forma que paremos de olhar o óbvio para percebermos que o agir de Deus na vida das pessoas é completamente diferente daquilo que pensamos ou imaginamos. E o segredo para adquirirmos a perspectiva de Deus em relação aos outros é nos manter próximos d'Ele, conhecendo a Sua vontade por meio das Escrituras, passando tempo em Sua presença, em adoração e oração, além de servir à Igreja e ao próximo com amor.

O nosso relacionamento com Deus e com o próximo é capaz de inspirar a Igreja a ser ainda mais excelente e parecida com Cristo. Se as pessoas perceberem em sua liderança uma abertura para compartilhar seus pontos de vista, dificuldades, sonhos e conquistas, consequentemente elas se sentirão mais confiantes e encorajadas para servir com mais excelência, compromisso e motivação, ainda que o foco não seja o trabalho. O amor que depositarão em suas comunidades e tarefas será muito maior, porque servirão se sentindo amadas e parte de algo maior do que elas mesmas: uma família.

Por fim, como tenho dito ao longo de todo este livro, a Igreja do nosso Deus não é autossuficiente ou independente, ela não pode ser feita sozinha. Para sermos a melhor versão do Corpo de Cristo na Terra e transformarmos a sociedade como Ele deseja, precisamos da pluralidade de cada filho e filha de Deus para alcançarmos coletivamente todos os povos e nações do mundo com o Evangelho. Cada um de nós carrega algo extremamente ímpar, que é essencial para o cumprimento da Grande Comissão. Se valorizarmos cada cristão, inclusive a nós mesmos, como Jesus nos valorizou na cruz do calvário, seremos capazes de cumprir qualquer tarefa e missão que o Senhor nos propuser, afinal, ser Igreja nunca teve, nem terá, a ver com o papel que desempenhamos, mas com o quanto entendemos que somos amados e aceitos por Ele.

5. Um coração voluntário

✦✦✦

"Quem vê cara não vê coração". Eis aí um ditado que realmente faz sentido e que, apesar de muitas vezes citarmos de forma automática, carrega uma verdade que precisamos manter em mente o tempo inteiro. Nem sempre o que podemos ver nos traz a garantia de algo genuíno, porque, no fundo, o que importa mesmo é a essência, e ela quase nunca pode ser vista. É claro que podemos sentir e perceber as pessoas, mas, na maioria das vezes, é quase impossível saber o que cada um pensa, sente ou guarda em seu coração. É bem verdade também que tudo o que está oculto, por mais que demore, sempre vem à tona. Mas, no geral, a grande questão está naquilo que não podemos ver, porque é isso que diz quem realmente somos (ou como estamos).

Deus é o único capaz de enxergar o que temos em nosso coração. Nossas boas palavras, sorrisos e até mesmo nosso serviço não O impressionam, porque Ele tem conhecimento das nossas verdadeiras motivações. Para o Senhor, o que está por trás das nossas atitudes e decisões é muito mais importante do que o que fazemos ou aparentamos ser. Podemos vê-lO reforçando esse princípio quando envia o profeta Samuel para ungir Davi como o novo rei de Israel, sem antes sequer lhe revelar a aparência do Seu ungido. Para o profeta, o segundo rei do povo de Deus deveria ser alguém que parecesse tão admirável e imponente quanto o primeiro, que, de acordo com os relatos bíblicos, em sua juventude, era conhecido como homem mais alto e belo de toda a nação. À vista de sua experiência anterior com Saul, Samuel presumia que boa aparência era um requisito fundamental para o próximo governante de Israel. É por isso que, assim que o profeta chegou à casa de Jessé para ungir um de seus filhos, ele já supôs que o Senhor tivesse escolhido o jovem com o melhor porte físico para o posto de novo rei do Seu povo.

Porém, para a surpresa de Samuel, Deus lhe repreendeu e disse que o profeta não deveria presumir que Ele escolheria o filho com a melhor aparência, pois esse já havia sido rejeitado, uma vez que Deus escolhe com base no que vê no coração:

> Quando chegaram, Samuel viu Eliabe e pensou: "Com certeza este aqui é o que o Senhor quer ungir". O Senhor, contudo, disse a Samuel: "Não considere a sua aparência nem sua altura, pois eu o rejeitei. O Senhor não vê como o homem: o homem vê a aparência, mas o Senhor vê o coração". Então Jessé chamou Abinadabe e o levou a Samuel.

Ele, porém, disse: "O Senhor também não escolheu a este". Então Jessé levou Samá a Samuel, mas este disse: "Também não foi este que o Senhor escolheu". Jessé levou a Samuel sete de seus filhos, mas Samuel lhe disse: "O Senhor não escolheu nenhum destes". Então perguntou a Jessé: "Estes são todos os filhos que você tem?" Jessé respondeu: "Ainda tenho o caçula, mas ele está cuidando das ovelhas". Samuel disse: "Traga-o aqui; não nos sentaremos para comer até que ele chegue". Então Jessé mandou chamá-lo e ele veio. Ele era ruivo, de belos olhos e boa aparência. Então o Senhor disse a Samuel: "É este! Levante-se e unja-o". (1 Samuel 16.6-12)

Mesmo não possuindo o porte físico, a força ou as mesmas experiências de vida de seus irmãos mais velhos, Davi se destacou aos olhos do Senhor e foi escolhido como o novo rei, porque possuía o que Deus mais desejava: um coração de servo, que não era motivado por dinheiro, fama ou *status*, mas sim pelo prazer de agradar a Deus e servir ao próximo.

Somente um coração que guardava as motivações corretas seria capaz de garantir que Davi pudesse servir ao Senhor sem se corromper com o poder ou com as adversidades que pudessem acontecer. Sem um coração servil, seria impossível que o jovem pastor de ovelhas fosse escolhido por Ele. Essa característica elementar nos mostra como Deus aprova corações ensináveis e dispostos a se entregar por um propósito maior.

Quando o nosso coração está no lugar certo, buscando servir não apenas a nós mesmos, mas ao próximo, Deus nos chama para cumprirmos propósitos extraordinários. Quando entendemos que o motivo de tudo o que fazemos precisa ser para agradar o coração do Pai e trazer a glória para Ele, nos permitimos ser tratados e, assim, nos submetemos à Sua vontade. Desse modo, começamos, pouco a pouco, a receber a mentalidade e a perspectiva corretas, e o que antes era um peso, ou apenas obrigação, torna-se um prazer. Digo tudo isso porque não seria possível discorrer sobre Igreja sem mencionar a importância do coração voluntário nesse processo. A respeito desse assunto, 1 Coríntios 15.58 diz:

> Portanto, meus amados irmãos, mantenham-se firmes, e que nada os abale. Sejam sempre dedicados à obra do Senhor, pois vocês sabem que, no Senhor, o trabalho de vocês não será inútil.

Essa passagem nos aconselha e encoraja a permanecermos firmes na certeza de que, no Senhor, todo o nosso trabalho não será em vão. Quando entendemos a missão, o Reino de Deus e a Sua vontade, passamos a fazer tudo com o coração no lugar certo. Por isso, a Palavra nos instrui no evangelho de Marcos:

"Ame o Senhor, o seu Deus de todo o seu coração, de toda a sua alma, de todo o seu entendimento e de todas as suas forças". O segundo é este: "Ame o seu próximo como a si mesmo". Não existe mandamento maior do que estes. (Marcos 12.30-31)

Se o maior mandamento é amar a Deus e o segundo é amar ao próximo, isso significa que se, de fato, queremos agradar a Deus, devemos não apenas amá-lO e servi-lO, mas amar e servir ao próximo. Na verdade, foi isso que o próprio Jesus nos ensinou. Durante Seu tempo aqui na Terra, Ele constantemente servia e amava a todos. Porém, especificamente no livro de Marcos, isso é ainda mais evidente. Escrito com um enfoque para os romanos, este livro nos apresenta uma perspectiva mais profunda de Jesus como servo. Ele é e sempre será o maior exemplo de servidão por amor que já existiu, mas não só isso, como também de um coração voluntário.

O serviço é uma premissa básica do Evangelho. Não temos como dissociá-lo do cristianismo e muito menos da vida de Jesus. Dizer que não precisamos servir é o mesmo que dizer que não temos de ler a Bíblia ou orar constantemente. O servir ao próximo é uma prática essencial do cristianismo, que está diretamente conectada ao nosso desenvolvimento como discípulos de Cristo. Aliás, todos os grandes homens e mulheres que andaram com Deus foram pessoas que serviram aos outros. Assim, a Bíblia nos diz:

[...] Pelo contrário, quem quiser tornar-se importante entre vocês deverá ser servo; e quem quiser ser o primeiro deverá ser escravo de todos. Pois nem mesmo o Filho do homem veio para ser servido, mas para servir e dar a sua vida em resgate por muitos. (Marcos 10.43-45)

A própria palavra "ministrar" ou "ministério", no original, significa serviço. Isso quer dizer que todo o tipo de ministração é um serviço às pessoas e a Deus. E se temos consciência de que a nossa vida é um sacrifício de amor a Ele, passamos a viver de maneira que sempre estejamos ministrando ao Senhor ou às pessoas, dentro ou fora da igreja, porque servir é fazer a mesma obra que Jesus fez.

Porém, o serviço tem pouco valor se não tem raiz em um coração genuinamente voluntário. O coração é a essência de quem somos, talvez a parte mais importante da nossa existência terrena. Não é à toa que Provérbios nos ensina:

> Acima de tudo, guarde o seu coração, pois dele depende toda a sua vida. (Provérbios 4.23)

Proteja o seu coração. Blinde-o contra todos os barulhos, sujeiras e mentiras que tentarem perfurá--lo pelo caminho. Somente um coração guardado nas verdades divinas e com as motivações corretas é capaz de permanecer mesmo em meio aos turbilhões da vida.

O coração de Deus foi conhecido através da expressão de Seu amor pelo mundo: Jesus. Este, por sua vez, demonstrou o Seu amor entregando a Si mesmo como um sacrifício. Ambos, Pai e Filho, revelaram corações voluntários. Diante disso, torna-se claro que esse tipo de coração é movido por amor, que nada tem a ver com obrigação ou emoção, mas com uma decisão consciente de entrega, que pensa primeiro no outro e, por isso, exigirá tudo de nós.

Hoje em dia, é comum as igrejas pregarem sobre voluntariado e serviço, bem como estarem engajadas no estabelecimento dessa cultura dentro de suas comunidades, o que, de fato, é importante, afinal, quando se trata de Igreja, grande parte do que vemos acontecer na prática ganha forma através do time de voluntários. Esse sistema traz benefícios tanto para a sociedade em geral como para o indivíduo que realiza essa função. Ele produz importantes contribuições, seja na esfera espiritual ou na social, para o desenvolvimento de comunidades mais coesas e saudáveis, através da construção da confiança e da reciprocidade entre as pessoas. Ele serve não para que as igrejas obtenham mão de obra gratuita, mas para que a cultura de excelência, amor e unidade do Reino seja estabelecida no Corpo de Cristo.

Porém, nada disso será realmente eficaz ou saudável se esse serviço braçal não for um posicionamento físico do que já existe em nosso coração. Pois somente quando o nosso interior está alinhado com as verdades de Deus e o Seu caráter é que podemos descansar na promessa de que o nosso trabalho será leve e nunca em vão.

Dentro disso, é crucial mencionar que, ao compreendermos a dimensão de serviço apresentada por Jesus, nós nos damos conta de que isso nada tem a ver com o externo e sim com o que está por dentro. Partindo do pressuposto de que estamos entregando tudo isso a Deus e às pessoas, entendemos que nada pode ser feito de qualquer jeito. Por outro lado, vale lembrar que uma vez que a causa é verdadeiramente entendida e o coração está onde deveria estar, naturalmente, não haverá nenhum tipo de desleixo. Sempre achei interessante o fato de que, quando uma pessoa descrente se converte, é transformada por Deus e passa a servir de maneira voluntária aos outros. Na lógica deste mundo, isso não faz sentido, ainda mais em um contexto em que somos bombardeados pelo culto ao "eu". Entretanto, é exatamente isso o que acontece quando temos um encontro com Jesus e nos deparamos com a Sua vida de servo. Não poderia ser diferente: se conhecemos o Mestre e desejamos viver como Ele, precisamos aprender a desenvolver um coração voluntário.

A Palavra nos garante que:

> Em tudo o que fiz, mostrei-lhes que mediante trabalho árduo devemos ajudar os fracos, lembrando as palavras do próprio Senhor Jesus, que disse: **"Há maior felicidade em dar do que em receber"**. (Atos 20.35 – grifo do autor)

No Reino de Deus, é melhor dar do que receber, e mais importante é servir do que ser servido. Como isso pode soar contraditório no mundo em que vivemos! Mas essa é a verdade e um dos valores do Céu, ou seja, a partir desse entendimento, podemos nos entregar ao propósito do serviço. Em contrapartida, apenas o Espírito Santo pode nos convencer a respeito do porquê fazemos o que fazemos. Somente Ele pode nos revelar que o mais importante não é o nosso serviço, mas para Quem o dedicamos. O coração vem antes de qualquer tarefa que possamos desempenhar em nosso ministério.

Assim, quando isso se torna natural, tudo o que é feito tem o seu fundamento na excelência e humildade, pois passamos a servir voluntariamente, e não porque buscamos algo em troca. Isso significa que o coração genuinamente voluntário é, e precisa ser, tanto excelente quanto humilde. Dessa forma, percebemos de maneira ainda mais evidente o poder de transformação e convencimento do Espírito Santo, porque, no caso da Igreja, independentemente de sermos remunerados ou não, continuamos prezando pelo melhor trabalho. Mesmo se alguém for um colaborador em sua comunidade local, que recebe um salário para executar uma determinada função, não se trata de ser pago, mas sim do investimento de seu trabalho no Reino de Deus. Servir com excelência é uma questão de coração, uma compreensão de que cumprir uma tarefa aplicando esse princípio e estilo de vida exalta a Jesus. É isso o que chamamos de um colaborador que tem um coração voluntário. É de dentro para fora. Não importa o lugar onde está ou a função que desempenha, ele faz o seu melhor, porque isso tem mais a ver com o coração do que com a tarefa.

Consequentemente, tudo o que fazemos acaba se tornando consciente e intencional. O espaço para perda de tempo, ressentimentos e discussões passa a não existir, porque existe uma causa maior em nosso coração: o Reino.

No início da implantação da igreja que pastoreio, muitos não entendiam bem a razão de eu ser tão criterioso e exigente com o alinhamento das cadeiras no culto, a necessidade da calçada da igreja estar sempre limpa, ou os galões de água sempre cheios e disponíveis para quem chegasse até eles. Inclusive, por bastante tempo até pensavam que era uma questão de Transtorno Obsessivo Compulsivo, o famoso TOC, ou algo do tipo. Mas não se trata disso. Acredito que, quando entendemos a causa e que tudo o que fazemos é para Deus, passamos a compreender que são pequenos detalhes que contribuirão para a experiência das pessoas com Ele, e isso tem conexão direta com o Reino. Se tudo o que fazemos é para a glória de Deus, logo entendemos que o banheiro cheiroso, a calçada limpa e a organização das cadeiras é tão importante, em termos de excelência, quanto a mensagem que será pregada no púlpito. Com isso, não pretendo desvalorizar o peso da mensagem proclamada no que diz respeito ao ensino, edificação e transformação de cada um, mas reforçar que a excelência em todos os aspectos e áreas agrada, honra e atrai tanto Deus quanto as pessoas. Os detalhes falam a respeito de onde o nosso coração está enraizado. E a motivação correta se revela através de como fazemos as nossas tarefas.

Entretanto, ao longo da jornada, muitos se cansam e acabam servindo ou se envolvendo nos ministérios e afazeres de forma mecânica. Não desenvolvem liderança, não promovem inovação, nem mesmo investem em novas estratégias. Aqui não me refiro apenas ao ambiente eclesiástico, mas a tudo no que estamos engajados. Quando as dificuldades, medos ou provações chegam, não é a quantidade de tarefas que temos que nos ajudará a passar por essas adversidades, mas o nosso relacionamento com Quem nos criou. Sem um relacionamento real com Deus, nunca seremos capazes de suportar as pressões externas e internas, manter a causa viva em nosso coração, nem mesmo conservar o fogo queimando em nós até o final.

Somente o relacionamento com Deus nos manterá perseverantes, alinhados, tratados e excelentes ao longo de toda a nossa vida. Tudo o que fazemos, bem como o nosso estilo de vida, precisa ser um reflexo do que construímos com Ele no secreto, em nossa intimidade. E, na prática, o que flui desse relacionamento é o que depositamos nas pessoas e em tudo o que fazemos. Isso, porque quanto mais nos relacionamos com o nosso Pai, mais queremos servi-lO da melhor forma possível, assim como com qualquer pessoa que amamos. Sem intimidade diária com Ele, seremos apenas bons em tarefas cumpridas, e não transformados em nossa maneira de pensar, agir e encarar o mundo e as pessoas. Podemos e devemos começar bem, porém é a nossa conexão com Deus que nos fará terminar bem. Na verdade, começar bem é simples, mas o que conta é como terminamos a caminhada.

Dessa forma, quando estamos alinhados com Deus, entendemos que, na realidade, quanto mais nos aproximamos d'Ele, quanto mais Ele tem o trono das nossas vidas e acesso a nós, mais passamos a ter corações voluntários, puros e espontâneos em dar. O maior privilégio que o ser humano pode ter é estabelecer o Reino de Deus, servindo à missão que Ele lhe confiou.

Muitos buscam desesperadamente o seu chamado, e acabam se esquecendo de que isso nada mais é do que um serviço ao próximo. Se você, hoje, não sabe para o quê Deus o chamou de forma específica, comece se voluntariando para servir em sua igreja local onde puder, e enquanto você serve, será transformado, afiado e estará ainda mais pronto quando receber o comissionamento específico que Ele tem para a sua vida. Não esqueça: é impossível cumprir o chamado divino se não desejamos servir. Então, esteja disposto. Deus procura por pessoas disponíveis. Disponibilize-

-se, não importa se não se sente capaz, se acha que não tem conhecimento ou habilidade suficiente, apenas permita que Deus use o que Ele já colocou dentro de você. Nem sempre estaremos prontos, mas não é isso que determina se o Senhor irá ou não nos usar, e sim o quanto estamos dispostos a dizer "sim" para o que quer que Ele nos apresente. É bem verdade, confesso, que servir às pessoas nem sempre é fácil. Na realidade, muitas vezes, é estressante e desafiador. Se para mim, que amo pessoas e nasci para pastorear, não é tão simples, entendo aqueles que talvez não tenham tanta afinidade com relacionamentos interpessoais. Mas vale lembrar que, apesar de servirmos ao nosso próximo, é para Deus, em primeiro lugar, que dedicamos o nosso serviço. Em outras palavras, se o nosso coração está fundamentado na recompensa que vem do Céu, tudo se torna mais leve.

Por isso, precisamos aprender a separar o coração voluntário da nossa dificuldade de nos relacionar, assim como da nossa necessidade de aprovação de outras pessoas ou resistência às suas críticas. Não são as críticas ou elogios dos outros que irão nos sustentar, mas o nosso amor, devoção e relacionamento com o Senhor. Portanto, não coloque expectativas nas pessoas, porque todos somos passíveis de falha. Não busque fazer as coisas por algo em troca. Faça por amor. Escolha amar.

Por outro lado, nem todos têm facilidade em amar de forma voluntária. E se você reconhece que precisa aprender a amar e se doar pelas pessoas, peça para que o Espírito Santo lhe desperte mais paixão e um coração voluntário. Ore para que Ele revele quais são os hábitos e mentalidades tóxicas que impedem você de se relacionar e servir ao próximo. Busque em Deus verdades que ajudem você a combatê-los. Porque é fundamental que haja uma entrega e compromisso da nossa parte com o processo de transformação que o Senhor deseja operar em nossos corações para que sejamos como Ele. De outra forma, é impossível seguir os ensinamentos e exemplos que Jesus nos deixou sobre serviço.

Porém, acima de tudo, nunca se esqueça de que o Rei dos reis escolheu assumir a forma de servo e se entregar por todos nós. Por isso, se você deseja ser como Ele e se desenvolver no caráter de Cristo, é fundamental que busque receber e colocar em prática um coração voluntário. Ser um bom servo é o único caminho que Jesus nos deu a opção de trilhar para nos parecermos mais com Ele.

6. Assumindo minha responsabilidade

✦✦✦

"Com grandes poderes, vêm grandes responsabilidades". Mesmo não fazendo parte da Bíblia, essa famosa citação das histórias em quadrinhos do Homem-Aranha, célebre herói da Marvel Comics, é uma das frases que melhor traduz o princípio da responsabilidade ensinado por Jesus em Lucas 12.48:

> A quem muito foi dado, muito será exigido; e a quem muito foi confiado, muito mais será pedido. (Lucas 12.48b)

Nesse trecho das Escrituras, o Mestre estava ensinando aos Seus discípulos sobre o preceito celestial de que poder exige compromisso. A essência desse ensinamento está no fato de que toda medida de privilégio vem acompanhada de uma responsabilidade. Aliás, o próprio apóstolo Paulo, em sua carta aos Efésios, faz alusão a esse conceito ao dizer que junto com o privilégio de conhecer o mistério de Cristo, também lhe foi imposta uma responsabilidade em favor das pessoas e da igreja de Éfeso:

> Por essa razão, eu, Paulo, prisioneiro de Cristo Jesus por amor de vocês, gentios — Certamente vocês ouviram falar da responsabilidade imposta a mim em favor de vocês pela graça de Deus, isto é, o mistério que me foi dado a conhecer por revelação, como já lhes escrevi brevemente. (Efésios 3.1-3)

Com a implantação da igreja de Éfeso, Paulo deixa claro, ao escrever essa carta, que somos responsáveis pelo Corpo, já que a Igreja é um canal para que as pessoas recebam a Boa Notícia. Isso significa que aqueles que foram alcançados por Jesus têm a responsabilidade de ser instrumentos de Deus para que outros sejam encontrados. Por exemplo, empreendedores que são abençoados com muitos recursos possuem a responsabilidade de ser bons mordomos das suas finanças para gerar empregos, aquecer a economia e ajudar os necessitados. Cidadãos com muita criatividade e conhecimento têm o encargo de usar de seus dons e capacidades para melhorar a qualidade de vida da sociedade, através da criação de soluções inovadoras. Líderes investidos de muita autoridade e visão devem utilizar toda a sua influência para desenvolver e conduzir muitas pessoas à realização de grandes obras. Em suma, todo o privilégio, seja ele grande ou pequeno, pode ser usado para fazer deste mundo um lugar mais parecido com o Reino de Deus e, por isso, demanda responsabilidade de nós.

Como discípulos de Cristo e filhos de Deus, possuímos uma série de encargos conquistados por Jesus na cruz do Calvário. Por consequência, também temos um conjunto de responsabilidades que precisamos assumir. A primeira delas é para com o Reino de Deus.

Um dos frutos da nossa conversão é a compreensão de que, uma vez salvos em Cristo, nós não somos mais cidadãos deste mundo, mas embaixadores do Reino dos Céus, indivíduos escolhidos para cooperar com o cumprimento de um dever dado por Jesus: a Grande Comissão. O fato de conhecermos a Deus e a obra da cruz nos faz diferentes, não melhores, do que todas as pessoas que nunca experimentaram o Seu amor. Ou seja, esse entendimento e intimidade com o Senhor nos faz responsáveis por cumprir com as últimas ordenanças de Jesus antes de ascender aos Céus.

E é justamente por esse motivo que não podemos nos contentar em ser somente espectadores do avanço do Reino de Deus na sociedade. Isso quer dizer que nós, como Corpo de Cristo, temos total responsabilidade com a Igreja de Jesus. Apenas ir aos cultos aos domingos ou em reuniões de oração durante a semana não faz de nós Corpo. Precisamos entender que a Igreja é responsabilidade de todos que fazem parte dela e não apenas de uma pessoa ou grupo específico. Todos nós fomos chamados por Deus para construir e expandir o Reino através do Seu Corpo.

Por isso, precisamos nos posicionar para sermos cooperadores nessa expansão até a segunda vinda do nosso Senhor. Se não nos comprometermos a investir nela com nossos recursos, dons e tempo, não estaremos sendo administradores do privilégio de poder fazer parte dessa grande missão. Sendo assim, é nossa incumbência compartilhar as Boas Novas de que o Reino de Deus está aberto para todos que estiverem dispostos a crer em Jesus como Senhor e Salvador. E isso nos leva ao segundo tipo de responsabilidade que precisamos assumir: o compromisso com a pregação do Evangelho.

Compartilhar o Evangelho não é algo reservado só aos pregadores ou cristãos mais eloquentes, mas sim a todos que foram alcançados por essa mensagem, que é a mais importante da História: a Boa Nova. Nós temos a honra de ter acesso à Palavra de Deus, e é nosso dever proclamar a verdade para libertar as pessoas de mentiras que são disseminadas pelo Diabo. Podemos fazer isso por meio de nossos testemunhos, contando sobre o que Deus fez em nós por meio de Cristo, como também sendo exemplos do que é viver o Evangelho genuíno. Se quisermos ser seguidores de Jesus e embaixadores do Reino, não podemos negligenciar essa responsabilidade, muito menos permitir que qualquer outro evangelho, que não o verdadeiro, seja difundido. Precisamos pregar endossados pela Palavra de Deus, exaltando a pessoa de Cristo, a obra da cruz, o Seu amor e o poder do Espírito Santo. Só assim demonstraremos para as pessoas que o nosso compromisso com o Senhor é genuíno e que elas podem crer no que dizemos.

As pessoas e os relacionamentos que o Senhor nos dá representam mais uma das responsabilidades que temos, já que, em todo tempo, a Bíblia nos ensina a respeito de como nos relacionarmos com o próximo e até com nossos inimigos. A despeito disso, no evangelho de Mateus, Cristo traz um novo padrão de amor para o mundo:

> Vocês ouviram o que foi dito: "Ame o seu próximo e odeie o seu inimigo". Mas eu lhes digo: Amem os seus inimigos e orem por aqueles que os perseguem, para que vocês venham a ser filhos de seu Pai que está nos céus. Porque ele faz raiar o seu sol sobre maus e bons e derrama chuva sobre justos e injustos. (Mateus 5.43-45)

Além disso, no evangelho de João, Jesus nos instrui sobre amar as pessoas, dizendo que devemos dar tudo o que temos pelo nosso próximo, até mesmo nossas vidas, assim como Ele fez por nós:

> O meu mandamento é este: amem-se uns aos outros como eu os amei. Ninguém tem maior amor do que aquele que dá a sua vida pelos seus amigos. (João 15.12-13)

Em sua carta aos Romanos, Paulo reforça também que cumprir com a responsabilidade de amar e honrar as pessoas é como obedecer à Lei:

> Dediquem-se uns aos outros com amor fraternal. Prefiram dar honra aos outros mais do que a si próprios. (Romanos 12.10)

> Não devam nada a ninguém, a não ser o amor de uns pelos outros, pois aquele que ama seu próximo tem cumprido a lei. (Romanos 13.8)

A mensagem de Jesus e Seu Reino é o amor a Deus e ao próximo, por isso, como discípulos, temos a responsabilidade de valorizar, cuidar, desenvolver e amar todas as pessoas que o Senhor permite passar por nossas vidas. Somos incumbidos por todas as interações que temos com elas e, em razão disso, é nosso papel ser bons mordomos dos nossos relacionamentos, apresentando o amor de Deus através da honra e do serviço. O Pastor Márcio Valadão tem uma máxima que exemplifica claramente essa verdade: "A nossa briga tem que ser sobre quem irá lavar os pés do outro primeiro".

Todos esses encargos estão interconectados e apontam para o último compromisso que precisamos assumir como parte do Corpo de Cristo: a nossa responsabilidade com a igreja local. Precisamos ser excelentes em tudo o que fazemos, inclusive para com a Igreja, uma vez que ela é o meio pelo qual manifestamos o Reino de Deus na Terra. Esse compromisso se trata de servir com um coração sempre voluntário, naquilo que for necessário, não só no que gostamos ou que nos traga visibilidade. Se não somos comprometidos e fiéis como Corpo, no que envolve a nossa comunidade de fé, provavelmente também não seremos nas demais coisas. Sendo, assim, é imprescindível nos lembrarmos de que a responsabilidade para com a edificação, valorização e o cuidado da igreja local não é reservada apenas aos líderes, mas a todos que se consideram parte do Corpo de Jesus.

Deus procura por pessoas fiéis para poder confiar cada uma dessas responsabilidades e seus encargos. O Senhor está em busca de homens e mulheres que queiram ter uma aliança com Ele e com Seus sonhos para este mundo. Ele deseja que compreendamos que fomos salvos e abençoados não apenas para servir a nós mesmos, mas também à Igreja e à sociedade. E quão prazeroso é ter a responsabilidade de servir e ser resposta para a necessidade do próximo. Tudo que recebemos d'Ele deve ser usado para melhorar o mundo. Fomos salvos para salvar, perdoados para perdoar, curados para curar, libertos para libertar, discipulados para discipular e, principalmente, amados para amar. É nossa incumbência usar de todas as dádivas, dons e bênçãos para transformar a realidade que nos cerca naquilo que Deus sempre sonhou.

Ao sermos fiéis com esse compromisso de estar sempre à disposição para servir, somos cheios de alegria e mostramos ao Senhor que Ele pode nos confiar muito mais autoridade, unção, influência, revelação, recursos financeiros e pessoas, porque nada disso ficará estagnado em nós. Em outras palavras, se quisermos ser ainda mais usados por Deus, precisamos nos comprometer a ser mais responsáveis com o que Ele já nos confiou. Mas, afinal, como podemos desenvolver ainda mais responsabilidade em nós mesmos?

Eu acredito que o primeiro passo para sermos cristãos mais excelentes com o que Deus deposita em nossas vidas está em estabelecermos as nossas prioridades de forma clara. Saber priorizar o que é importante para o Senhor é uma característica de pessoas que não são movidas por necessidades ou oportunidades, e sim por propósitos. E qual é o nosso principal propósito? Cumprir a Grande Comissão e o Grande Mandamento. Quando temos clareza do que é essencial em nossas vidas, estamos mais aptos a tomar decisões sábias a respeito de como investiremos nosso tempo, recursos e privilégios.

Agora, vale perguntar: você sabe o que é prioridade em sua vida? Muitas pessoas não conseguem responder a essa pergunta pelo fato de viverem em uma sociedade imediatista, em que as prioridades mudam a todo momento. Nossas agendas estão tão abarrotadas de diferentes compromissos urgentes, em geral, relacionados ao trabalho, que os dias parecem estar cada vez mais curtos. Mas a verdade é que todos nós temos a mesma quantidade de horas para viver a nossa jornada diária. Ou seja, nosso tempo não é mais curto do que o de qualquer outra pessoa, inclusive de Jesus quando andou sobre a Terra como um homem. A diferença é que Ele certamente sabia priorizar o que importava de verdade.

Por não sabermos determinar o que é prioridade dentro de cada dia de nossas vidas, desperdiçamos muita energia, tempo e recursos em coisas passageiras e egoístas, ignorando o que realmente é importante: aquilo que é eterno. Governos, ministérios, trabalho, *status*, bens materiais, tudo isso é efêmero, um dia muda ou simplesmente desaparece com o tempo. Contudo, aquilo que fazemos para Deus e pela expansão do Seu Reino é perene, permanece mesmo depois da nossa morte e gera impacto na dimensão da eternidade.

Nós, cristãos, não vivemos para este mundo passageiro, mas para Cristo e Seu Reino, que não está preso ao nosso tempo. Portanto, devemos organizar nossas vidas de maneira a priorizar tudo que beneficia o nosso relacionamento com o Senhor e o cumprimento da Grande Comissão. Por exemplo, a maneira como construímos nossas famílias e investimos na saúde dos nossos relacionamentos; a forma como servimos com excelência nossa comunidade local e a sociedade, e honramos as pessoas na igreja, nos centros acadêmicos e no trabalho; a nossa disposição para sermos generosos e investirmos recursos em missões e projetos sociais que apresentam Jesus e seu Reino às pessoas; o nosso comprometimento com a qualidade da nossa vida de oração e adoração; e o dever de influenciar a sociedade dando bom testemunho e compartilhando o Evangelho com autenticidade.

A partir do momento em que compreendemos que devemos priorizar aquilo que gera impacto positivo para nossa vida com Jesus e para o Reino de

Deus, amadurecemos como cristãos e nos tornamos mais intencionais na busca por disciplina, a segunda habilidade que devemos desenvolver para sermos mais responsáveis.

Disciplina é uma virtude importantíssima para quem deseja crescer, desenvolver-se como discípulo de Cristo e, por consequência, adquirir muito mais influência e autoridade. A disciplina, diferentemente do que muitas pessoas pensam, não é uma prática que vem para nos limitar, mas para nos dar mais liberdade e flexibilidade. Por meio dela, desenvolvemos hábitos que fortalecem princípios em nosso coração e padrões de pensamento em nossa mente, que colaboram para anularmos distrações e potencializarmos o nosso foco naquilo que é importante para nós, mesmo quando estamos desmotivados.

Nem sempre estaremos com vontade de servir ou trabalhar pelas nossas prioridades. Na verdade, em alguns momentos, seremos envolvidos por uma grande vontade de procrastinar nosso trabalho e responsabilidades para gastar nossos recursos e energia fazendo apenas o que nos dá prazer. Por outras vezes, seremos acometidos por dúvidas ou tristezas que nos farão acreditar que não vale a pena continuar investindo no que é eterno. Porém, se estivermos realmente determinados a alcançar aquilo que Jesus estabelece como prioridade em nossos corações e ser disciplinados com nossas responsabilidades como filhos, pais, trabalhadores, líderes e discípulos, encontraremos força para resistir às vontades passageiras, para trabalhar por algo maior e eterno. Essas situações nos confrontam todos os dias, e as escolhas que fazemos determinarão se nosso sonho viverá ou morrerá. Nós nunca alcançaremos a vontade plena do Senhor se não trabalharmos para ser disciplinados.

Nossas prioridades nos conduzem à disciplina, e ela, por sua vez, nos leva até o terceiro e último passo para nos tornarmos mais responsáveis: sermos autorresponsáveis.

A autorresponsabilidade é assumir exatamente o que cabe a nós. É entender a soberania de Deus, mas também fazer a nossa parte, sem transferir aquilo que é de responsabilidade nossa.

Como cristãos, a nossa ótica em relação às nossas responsabilidades precisa mudar, pois, antes, nossa visão era um tanto quanto egoísta, mas, hoje, o que queremos é ver o Reino de Deus estabelecido, pessoas alcançadas, a igreja local sendo instrumento para transformação social através daqueles que entenderam a missão e vivem para que Jesus seja engrandecido. Em outras palavras, é impossível isso acontecer se não compreendemos o nosso compromisso e papel nisso tudo.

Quando temos a consciência de que somos responsáveis pela nossa vida e pelo Corpo de Cristo, paramos de transferir nossas obrigações e, principalmente, a culpa pelos problemas para outras pessoas ou circunstâncias. Ou seja, por meio da autorresponsabilidade, nos tornamos capazes de perceber e compreender que a diferença que existe entre os resultados que obtemos em nossa vida e tudo aquilo que gostaríamos de conquistar é o reflexo entre o que temos feito e o que deveríamos fazer. Por exemplo, se você sente que não está sendo honrado pelos membros de sua família e comunidade, em vez de se perguntar o porquê disso, questione-se se você está servindo ou honrando essas mesmas pessoas como deveria. Logo, o que deve ser feito não é esperar que elas mudem o comportamento, e sim se posicionar.

Quer concordemos ou não, precisamos compreender que muito do que estamos passando hoje é fruto direto ou indireto das nossas ações, pensamentos e fé em Deus. E por mais duro que isso possa soar, é libertador, porque quer dizer que temos a responsabilidade de mudar as circunstâncias. Se estamos com problemas em nossas finanças, por exemplo, não adianta colocarmos a culpa em nossos chefes, no governo ou nas taxas do banco. Enquanto transferirmos o encargo para outros, serão eles que estabelecerão os limites e prioridades em nossas vidas. Entretanto, quando assumimos a responsabilidade, fazendo o que cabe a nós para gerenciar melhor nossos recursos e orando a Deus para que Ele nos abençoe para multiplicar o que já temos, tudo começará a se transformar. Por isso, precisamos ser autorresponsáveis diante dos problemas, assim como Jesus foi quando precisou alimentar mais de cinco mil pessoas com apenas cinco pães e dois peixes:

> Quando Jesus saiu do barco e viu uma grande multidão, teve compaixão deles, porque eram como ovelhas sem pastor. Então começou a ensinar-lhes muitas coisas. Já era tarde e, por isso, os seus discípulos aproximaram-se dele e disseram: "Este é um lugar deserto, e já é tarde. Manda embora o povo para que possa ir aos campos e povoados vizinhos comprar algo para comer". Ele, porém, respondeu: "Deem-lhes vocês algo para comer". Eles lhe disseram: "Isto exigiria duzentos denários! Devemos gastar tanto dinheiro em pão e dar-lhes de comer?" Perguntou ele: "Quantos pães vocês têm? Verifiquem". Quando ficaram sabendo, disseram: "Cinco pães e dois peixes". Então Jesus ordenou que fizessem todo o povo assentar-se em grupos na grama verde. Assim, eles se assentaram em grupos de cem e de cinquenta. Tomando os cinco pães e os dois peixes e, olhando para o céu, deu graças e partiu os pães. Em seguida, entregou-os aos seus discípulos para que os servissem ao povo. E também dividiu os dois peixes entre todos eles. Todos comeram e ficaram satisfeitos, e os discípulos recolheram doze cestos cheios de pedaços de pão e de peixe. Os que comeram foram cinco mil homens. (Marcos 6.34-44)

Essa passagem nos revela que, mesmo diante da adversidade de alimentar uma multidão sem ter recursos, Jesus foi responsável com aquilo que Deus lhe havia confiado (um enorme grupo de pessoas que desejava ouvir mais sobre o Reino de Deus), e decidiu usar o que tinha ao Seu alcance para servir aquelas pessoas. O Senhor não culpou a multidão por ter vindo até Ele sem mantimentos, nem os discípulos por não terem preparado alimentos para todos. Ele não se viu como vítima daquela situação nem procurou por um culpado, mas assumiu a responsabilidade como líder e usou a crise como uma oportunidade para revelar o poder de Deus.

O Mestre reuniu os discípulos, que queriam fugir da responsabilidade de resolver aquele problema, e instruiu-lhes que alimentassem as pessoas. Jesus estava deixando claro que parar de pregar o Evangelho e mandar todo mundo de volta para suas casas nunca foram opções. Eles tinham de resolver aquele problema com o que possuíam em mãos.

É interessante notar que, em vez de orientar seus seguidores a calcularem quanto teriam de gastar para comprar mantimentos e solucionar o problema de forma natural, o Mestre os instruiu a confiarem em Deus para multiplicar e reconhecer o que já tinham à disposição, no caso, cinco pães e dois peixes. Ao longo dos evangelhos, podemos perceber que os discípulos estavam sempre focando naquilo que não tinham, enquanto Jesus os estimulava a ser autorresponsáveis para se atentarem ao que já estava disponível e o que poderiam fazer com isso. A partir do momento em que decidiram depositar sua fé no Senhor para lhes ajudar a cumprir com a responsabilidade de alimentar aquelas milhares de pessoas, os discípulos começaram a ver o milagre acontecer. Quando confiaram o que tinham nas mãos de Jesus, que pediu ao Pai que os abençoasse para distribuir os recursos ao povo, eles vivenciaram o milagre da multiplicação.

Aqui, aprendemos algo muito simples e poderoso: quando assumimos a responsabilidade de servir a Igreja e a sociedade, o Senhor nos capacita e abençoa para fazer muito mais do que imaginamos ou pensamos. Deus ama empoderar e honrar aqueles que têm o compromisso de servir.

Diante disso, acredito que o que nós, a Igreja de Cristo, mais precisamos nos dias de hoje seja assumir a responsabilidade com as nossas famílias, igrejas locais, com os membros da nossa comunidade, o discipulado de novos líderes, com a nossa vida profissional e a intimidade com o Senhor. Afinal de contas, nada disso será responsabilidade de uma instituição ou mesmo do governo, mas sim algo que nos diz respeito, que não podemos terceirizar. Sendo assim, o que o Corpo de Cristo mais necessita para crescer saudavelmente são cristãos maduros que queiram se responsabilizar por sua parte no Reino, na proclamação do Evangelho, com as pessoas e a Igreja. É nosso compromisso usar de todos os nossos dons, recursos e privilégios como cidadãos, líderes e discípulos de Cristo para pregar o Evangelho com paixão e autoridade. Da mesma maneira como também é nosso encargo amar e servir ao próximo como a nós mesmos, através não apenas de palavras, mas atitudes, como Jesus fez.

Entretanto, essas responsabilidades que temos em relação aos interesses do Reino de Deus não devem se tornar um peso ou fardo, afinal grandes coisas são entregues a pessoas comprometidas, e não a irresponsáveis. Isso quer dizer que, se somos diligentes, estamos minimamente qualificados para a ação. Nós somos comissionados a viver a vontade de Deus, que é boa, perfeita e agradável, e não há como regredir se entendermos estes três passos necessários para uma vida completamente engajada nos compromissos do Reino: definir prioridades, desenvolver a disciplina e ser autorresponsável. Agora, você só precisa seguir adiante nessas estratégias.

Eu creio, de todo coração, que a chave para começarmos a ser mais responsáveis e nos desenvolvermos em autoridade está em compreendermos que, independentemente das nossas diferenças, todos temos o privilégio de fazer parte do Corpo de Cristo, e portanto, todos dividimos a responsabilidade de cuidar da Igreja – tanto da instituição, como das pessoas.

Como tem sido seu compromisso com o exercício daquilo que lhe foi confiado? Você tem dado o seu melhor? Tem encarado os desafios como Jesus fez ou tem fugido da responsabilidade como os discípulos?

Devemos sempre fazer uma autoanálise de como está o nosso nível de responsabilidade diante de Deus. Lembre-se: a quem muito foi dado, deste muito será requerido. Que possamos honrar a expectativa do nosso Senhor Jesus e cumprir com o nosso chamado, tendo o entendimento de que todos somos responsáveis pela Igreja, a Noiva de Cristo.

7. A pessoa certa no lugar certo

✦✦✦

Uma das coisas que mais amo na Igreja de Jesus é que ela tem espaço para todo mundo. O verdadeiro Corpo de Cristo não exclui ninguém que deseja aceitar Jesus como seu Senhor e viver pelo Seu Reino. Muito pelo contrário, está sempre disposto a receber, amar, cuidar e dar propósito a qualquer pessoa que se achega a ele, independentemente do histórico ou dos desafios que a chegada desse novo membro possa representar. Para fazer parte da Igreja, não é necessário dispor de um bom currículo, uma exuberante conta bancária, muita fama ou mesmo uma ficha limpa. Basta ter um coração disposto a crer em Jesus, amar a Deus acima de todas as coisas e servir a algo maior do que a si mesmo, que já estamos aptos para fazer parte do Corpo mais poderoso do mundo, o único capaz de unir pessoas de todos os povos e nações da Terra: a Igreja.

Por possuir uma graça sobrenatural para criar unidade em meio à diversidade, a Igreja é comparada pelo apóstolo Paulo com um corpo humano, que mesmo sendo composto por uma enorme quantidade de diferentes membros e órgãos, com funções e tamanhos distintos, funciona em sintonia e união:

> Ora, assim como o corpo é uma unidade, embora tenha muitos membros, e todos os membros, mesmo sendo muitos, formam um só corpo, assim também com respeito a Cristo. Pois em um só corpo todos nós fomos batizados em um único Espírito: quer judeus, quer gregos, quer escravos, quer livres. E a todos nós foi dado beber de um único Espírito. O corpo não é composto de um só membro, mas de muitos. (1 Coríntios 12.12-14)

Assim como cada membro do corpo humano, todos nós somos essenciais para que o Corpo de Cristo funcione de maneira saudável e exerça Seu chamado de forma plena, porque cada um tem um lugar certo para ocupar e um propósito específico para cumprir dentro da Igreja. Quando identificamos qual é a temporada em que nos encontramos, onde Deus nos chamou para estar neste período e qual é a nossa missão nesse lugar, conseguimos ser muito mais intencionais, produtivos, felizes e bem-sucedidos em tudo que o Senhor nos manda fazer, porque aprendemos a ser a pessoa certa, no lugar certo e na hora certa.

É por isso que eu creio que não há nada no Universo que deixe o Diabo mais feliz do que ver pessoas fazendo o que Deus não lhes pediu para fazer, porque, quando isso acontece, ele pode instigar divisão e confusão no Corpo de Cristo. Uma pessoa que desobedece a Deus, propondo-se a ocupar um lugar que Ele não lhe deu graça para estar ou que se coloca no lugar certo, mas na hora errada, está sujeita a se frustrar e a sofrer desnecessariamente por orgulho, ansiedade, inveja e falta de clareza na sua identidade e propósito. Existe uma direção de Deus para cada ser humano, e é nosso papel, como discípulos de Cristo, sermos as pessoas certas nos lugares certos para guiarmos todos aqueles que estão perdidos e sozinhos para o Único que pode dar um sentido a suas vidas: Jesus Cristo.

É nossa responsabilidade ajudar a todos que pudermos, uma vez que atualmente o mundo está repleto de pessoas amarguradas com suas vidas, que vivem acreditando na mentira de que jamais conseguirão se encaixar em uma comunidade ou que nunca terão a oportunidade de trabalhar com algo que realmente gostam. Hoje em dia, temos muitos empresários, líderes e até pastores aparentemente felizes e bem-sucedidos, mas que estão desiludidos e esgotados física e emocionalmente por terem focado demais em fazer o que Deus não lhes pediu, trabalhando exaustivamente sem ter um propósito claro. Muitos são os casos de cristãos que se frustraram e abandonaram suas comunidades porque foram intensos demais em investir em empreendimentos, ministérios e até relacionamentos que não foram abençoados pelo Senhor. Qualquer esforço feito sem propósito não pode resultar em nada no final, assim como qualquer quantia multiplicada por zero é igual a zero. Por isso, precisamos ter certeza do que Deus está pedindo de nós em cada momento de nossas vidas. Entretanto, como adquirimos clareza quanto ao propósito de Deus?

A clareza vem primeiramente por meio da revelação do nosso propósito geral como Igreja, no caso, a Grande Comissão. Nós não conseguiremos compreender qual é o nosso chamado específico se não entendermos o que todo cristão deve fazer, independentemente de onde esteja e qual ocupação tenha: pregar o Evangelho a todas as pessoas e fazer discípulos de todos os povos e nações.

Se não compreendermos que o plano de Deus não acaba apenas em nossa salvação, mas se preocupa também com a transformação de toda a sociedade através da manifestação do Seu Reino por meio de nós, ficaremos presos a uma visão micro de que só podemos servir a Jesus e mudar o mundo se estivermos dentro de uma igreja, liderando algum ministério. E isso não é verdade, porque, como falamos no primeiro capítulo, nós podemos contribuir para o plano geral do Senhor através das nossas ocupações em outras esferas da sociedade. Existe uma enorme variedade de áreas de atuação que manifestam o Reino de Deus além da igreja (quatro paredes), tal como nossas casas, escolas, faculdades, escritórios, consultórios, empresas, emissoras de notícias, canais de entretenimento, laboratórios, tribunais, câmaras legislativas, além de muitos outros.

A partir desse entendimento, começamos a ver sentido em tudo aquilo Deus nos deu e também em cada coisa que nos propomos a fazer, não apenas o que é referente à igreja ou o que nos dá prazer. Isso, porque a primeira coisa que Deus nos pede é para dar um bom testemunho do Seu Evangelho através da nossa própria vida, servindo de canal para que as pessoas sejam inspiradas a buscar um relacionamento real com Jesus Cristo. Se nós entendemos o propósito que nos une, estamos mais aptos a tomar decisões ainda mais sábias em relação a onde devemos investir o que Deus nos dá. Ele sempre abençoará aquilo que favorece a expansão do Seu Reino. Logo, para identificarmos o tempo e o lugar corretos para nós, devemos questionar se o alvo dos nossos investimentos contribui para o avanço do governo de Deus. Se a resposta for "não", já sabemos que este não será o lugar onde devemos estar. Contudo, se a resposta for "sim", temos a responsabilidade de ocupar tal espaço e trabalhar para que esse projeto, ministério, empreendimento ou pessoa frutifique e resulte em glória para Cristo e Seu Reino.

A glória de Deus sendo manifesta através da sua vida é um sinal que testifica que você é a pessoa certa no lugar certo. Quando vemos o Senhor sendo glorificado por conta da excelência do nosso trabalho, da nossa fidelidade com compromissos e do nosso estilo de vida, demonstramos que temos graça e favor para estar onde estamos e servir naquilo que Ele nos confiou.

Um exemplo disso é a história do profeta Daniel que, por meio do seu trabalho excelente, conduta e testemunho de vida, fez com que Deus fosse glorificado por reis pagãos na Babilônia (Daniel 2.46-49; 6.19-27), provando que era a pessoa certa e estava no lugar certo para trazer transformação àquela sociedade. Daniel só pôde fazer isso porque estava comprometido em servir naquilo que era necessário e ser fiel ao que Deus falava ao seu coração.

Se temos o Espírito Santo dentro de nós e estamos sempre em alerta ao que Ele coloca em nossos corações, conseguiremos identificar se há paz em direcionarmos a maior parte do foco de nossas vidas para servir a Deus no mercado de trabalho ou se devemos mirar em nossos ministérios eclesiásticos. O Espírito Santo dará visão e sinais para confirmar qual é o tempo e o lugar em que somos mais necessários para contribuir com o avanço da Igreja do nosso Senhor. O que Deus tem falado ao seu coração? Existem muitas pessoas que, na avidez por tentar servir cada vez mais e melhor, ignoram o que Deus está dizendo e se perdem em ativismo sem um propósito claro. Pessoas assim tendem a se esgotar e se frustrar a curto e médio prazos, porque não sabem definir prioridades. Sem o filtro do Espírito Santo, elas dizem "sim" para qualquer coisa que precisa ser feita, e, com isso, acabam se sobrecarregando.

Se cada pessoa valorizar a voz do Espírito Santo e olhar para sua esfera de atuação de maneira macro, e não micro, poderemos ser muito mais eficazes para gerar crescimento e glorificar a Cristo. Através da sensibilidade ao Espírito, somos capazes de combater todo tipo de comparação que envenena nossas comunidades, porque aprendemos a ajudar pessoas a se posicionarem no lugar certo e na hora certa.

Lembro-me da história de um membro da nossa igreja, um senhor por quem eu sempre tive muito apreço, que era um frequentador assíduo dos nossos cultos, mas que ainda se sentia deslocado porque não tinha encontrado o seu lugar para servir. Certo dia, ao final de um dos cultos, notei que ele, espontaneamente, tomou a iniciativa de trazer uma garrafa de café e alguns copos para servir às pessoas antes de deixarem a igreja. De maneira surpreendente, percebi que muitos, em vez de simplesmente irem embora depois de ouvirem a mensagem do dia, paravam para se reunir em volta da mesa onde aquele senhor servia o café gratuitamente, o que acabava gerando momentos preciosos de comunhão. Aquilo me deixou muito feliz, porém achei que se tratava de um evento isolado.

No entanto, na semana seguinte, aquele senhor não apenas havia trazido sua garrafa de café com os copos, mas também tinha se dado ao trabalho de trazer um bolo e uma porção de biscoitos. Novamente, testemunhei aquele homem sendo usado por Deus de forma simples para criar um ambiente propício para o desenvolvimento de relacionamentos dentro da nossa comunidade. Sem perceber, ele havia encontrado o seu lugar, que não estava em fazer algo que os outros voluntários já estavam fazendo, mas sim em servir uma necessidade que ninguém havia percebido que tínhamos. A partir daquele final de semana, conversei com esse senhor, expliquei como ele estava impactando positivamente nossa igreja com aquela iniciativa e trouxe uma perspectiva nova para o trabalho dele, propondo que começasse a servir a nossa igreja através daquela ideia do "cafezinho pós-culto". Ele se sentiu tão contente com aquele convite e por ter achado o seu lugar no Corpo, que, desde então, tem liderado esse projeto em todos os cultos da manhã em nossa igreja local. Assim que os cultos acabavam, aquele senhor e sua equipe já tinham uma linda e farta mesa de café para servir às pessoas e promover um ambiente de comunhão. Ele era um membro que não precisava fazer nada disso, que poderia simplesmente servir em um lugar que já estava estruturado e caminhando com as próprias pernas, mas acredito que ele se descobriu na Igreja porque respondeu ao que o Espírito Santo estava colocando em seu coração: servir e amar o próximo daquela forma específica. Esse homem olhou para uma necessidade que ninguém estava observando e serviu com aquilo que tinha em suas mãos.

Esse testemunho reforça a necessidade de ouvirmos a Deus constantemente para podermos encontrar o lugar certo para nós e para nossos liderados. Às vezes, como no caso desse senhor, o lugar que Ele tem para nós é algo que ninguém viu ou imaginou ainda, e é por isso que precisamos ser sensíveis e obedientes para trazer a ideia do coração de Deus à existência, sempre debaixo de uma palavra divina e da autoridade e mentoreamento de um líder que também acredita que somos a pessoa certa para aquela função.

Isso traz uma questão importante. Sem dúvida, a bênção e o apoio de uma liderança são essenciais para adquirirmos perspectiva em relação àquilo que estamos fazendo e para sermos direcionados para o que Deus tem para nós. Digo isso porque, se não tivesse tido a sensibilidade para ouvir ao Senhor e uma liderança que acreditava no que Ele havia colocado em meu coração, eu jamais teria me tornado pastor.

Como mencionei em capítulos anteriores, eu não queria ser pastor, mas sim um empresário. Entretanto, ao mesmo tempo, sentia uma satisfação natural em servir a minha igreja local constantemente. Era algo que me energizava e trazia sentido para minha existência aqui na Terra. Sem qualquer aspiração de viver um ministério integral, eu fazia questão de estar presente em todas as programações da nossa comunidade, liderava um pequeno grupo e cuidava de muitas pessoas, só por amar aquele estilo de vida.

Porém, certo dia, depois de muito tempo, ouvi o Espírito Santo me dizer: "Largue tudo! Vá e faça disso a sua missão de vida, porque Eu estou contigo". Ao mesmo tempo, os meus líderes me convidaram para assumir o meu chamado como pastor, e foi quando eu entendi que o meu lugar era exatamente esse. A partir dali tudo começou a fazer sentido. Eu me vi como a pessoa certa no lugar certo: alguém que faz o que Deus pede, sem agir por necessidade ou oportunidade, mas por propósito.

Imagine só como seriam as nossas igrejas se todos estivessem posicionados no lugar certo, fazendo o que Deus lhes criou para fazer?! Haveria espaço para que qualquer um glorificasse ao Senhor sem competição, comparação, inveja ou orgulho. Em outras palavras, cada pessoa manifestando a plenitude dos seus dons e privilégios de forma responsável para a edificação mútua da Igreja. Eu creio que é isso que Cristo deseja ver e que o Diabo teme: uma igreja onde todos se honram e ajudam a viver a Grande Comissão dentro e fora das quatro paredes de nossas comunidades. O segredo da saúde no Corpo de Cristo está justamente no fato de cada um ser obediente em fazer o que Deus lhe confiou, não para obter a aprovação de homens, mas para glorificar a Cristo.

Às vezes, o lugar que Deus nos chamará para estar será nos bastidores, onde não há holofotes e uma plateia nos enxergando. Porém, o contrário também é capaz acontecer, e o Senhor pode nos convocar do anonimato para nos colocar à frente de um ministério ou um grupo de pessoas. Talvez, Ele chame alguns que estão escondidos do mundo, dentro das quatro paredes de um templo, para levarem o Evangelho, paz, justiça, inovação, alegria e inspiração para a sociedade. Ou ainda pode ser que Deus chame outros para transformarem suas cidades, permanecendo em suas igrejas locais e construindo comunidades e famílias saudáveis.

Por isso, esteja sensível à vontade de Deus e aos conselhos dos seus líderes para identificar qual é o seu lugar. E, uma vez que você o achar, coloque muita paixão naquilo que Deus lhe confiou. Não faça nada por obrigação, mas por prazer em cumprir um propósito por meio do qual Cristo seja glorificado. Quando algo é feito com amor, a realidade é outra, as coisas fluem e se tornam orgânicas.

Eu, por exemplo, sou pastor de uma igreja local, que eventualmente prega em outros estados e países, mas eu sei que o meu lugar, a minha vocação, é o pastoreio da minha comunidade. Se deixarem, eu e minha família passamos o dia inteiro na igreja atendendo pessoas, falando sobre o amor de Jesus, discipulando líderes, planejando novas formas de transformar a nossa cidade através dos pequenos grupos e adorando a Deus. Eu sei, de todo o coração, que poderia fazer o que eu faço, sem ganhar nada em troca, porque o meu prazer está em obedecer o que Deus me pediu.

O Senhor sabe todas as nossas qualidades e conhece as áreas que precisam ser trabalhadas em nós, mas o fato é que não há nenhum lugar no Reino de Deus que esteja saturado o bastante para que mais pessoas possam ocupar. Como disse no começo do capítulo, há espaço para todos no Corpo de Cristo. O que nos cabe é olhar para dentro de nós e não nos comparar com o outro, mas ouvir a Deus.

O que o Senhor tem falado com você? Quais são os dons que Ele depositou dentro de você? O que faz o seu coração queimar? Onde você sente o fluir da graça e tem prazer? Faça essas perguntas para si mesmo e escute o que o Espírito Santo tem a dizer sobre cada resposta. Nesses momentos de intimidade, você descobrirá mais sobre si do que durante qualquer pregação sobre chamado, propósito e desígnio, porque estará ouvindo a perspectiva do Seu Criador sobre quem você é e o que carrega para mudar o mundo.

Qual é o lugar certo? É aquele onde você recebe graça para suprir uma necessidade, onde enxerga propósito para glorificar a Cristo e onde tem prazer em servir. Independentemente se é uma posição de visibilidade ou não, faça o que Deus lhe mandou fazer, porque o propósito nunca foi nem será sobre você aparecer, mas sobre Jesus e a expansão do Seu governo eterno neste mundo passageiro.

Portanto, sirva com a certeza de que o seu trabalho não é em vão, pois há uma recompensa para todos que servem a Cristo. Você é essencial para o futuro que Deus tem para a Igreja e para esta Terra. Logo, jamais se esqueça de que o Reino de Deus nunca retrocede, e, por isso, sempre estará avançando mais rapidamente na sociedade enquanto você se dedicar a ser a pessoa certa e servir no lugar certo. Jesus e Seu Corpo contam com você para ser quem Deus lhe chamou para ser.

8. A descentralização organizada

✦✦✦

Na incessante busca por aprimorar e potencializar o alcance do Evangelho na sociedade, muitos ministérios recorrem à adoção de modelos, estratégias e visões de crescimento humanistas, em que o homem acaba se tornando a figura principal dentro da igreja e da comunidade. Por conta disso, muitas gerações de pastores centralizam toda a liderança em si mesmos e, por consequência, têm dificuldade em delegar tarefas e levantar novas lideranças. Isso é extremamente prejudicial para o crescimento sustentável das igrejas e para o desenvolvimento de cristãos mais maduros em nossa sociedade, porque com a ausência de novos líderes e a centralização das decisões em uma única pessoa, toda a comunidade se torna dependente desse indivíduo. Esse cenário contribui diretamente para a criação de ministérios que idolatram homens ou que não valorizam os seus membros. Em ambos os casos, o resultado é o mesmo: pessoas são feridas e igrejas terminam em prejuízo.

Diante disso, precisamos ter o entendimento de que o lugar de um líder na igreja não deve ser ocupar uma posição de superioridade, mas sim de servir e ser exemplo para os demais. Se esses cargos não forem encarados dessa maneira, não haverá espaço para o estabelecimento de uma cultura saudável, uma vez que essa disfunção traria uma ideia de que a congregação tem um homem como dono. Entretanto, todos sabemos que o único dono da Igreja é Jesus. Do pastor ao irmão que é zelador, todos são igualmente relevantes para o Corpo de Cristo e estão inseridos na comunidade local para servirem o Reino de Deus. Existe, sim, uma linha saudável de respeito, submissão e reconhecimento da autoridade do líder, porém, é natural às ovelhas honrarem o seu pastor, e não uma hierarquia imposta, baseada em idolatria e temor de homens.

Por isso, o pastor deve exercer a sua autoridade e chamado diante da igreja local tendo facilidade em sonhar coletivamente, em partilhar da sua visão com a comunidade e delegar autoridade e autonomia para que todos possam contribuir com a expansão do Reino como um todo. O líder que compreender essa responsabilidade será capaz de delegar de forma natural e confiar, de fato, na equipe de liderança que o próprio Senhor tem instituído para servir junto com ele.

A centralização é um dos maiores problemas que as igrejas passam. O receio que muitos líderes têm de delegar liderança, autoridade e trabalho para suas equipes pode custar caro para a comunidade local. Projetos e visões deixam de ser cumpridos e a qualidade do resultado não é tão boa quanto poderia ser se as atividades e responsabilidades fossem divididas. Por isso, saber delegar as tarefas de maneira eficiente é uma das maiores necessidades de uma igreja que quer crescer e uma das mais importantes habilidades que um líder pode ter. E, aqui, vale lembrar que não falo apenas para líderes de igrejas locais, mas para todos no Corpo de Cristo, afinal todos somos líderes nos ambientes em que estamos inseridos, no sentido de que é nosso papel influenciar as pessoas à nossa volta. Portanto, esses princípios são igualmente relevantes para cada um que faz parte da Igreja de Jesus.

Dentro disso, consequentemente, aprender a confiar e delegar se torna um passo indispensável para aqueles que querem expandir o Reino. O próprio Jesus nos ensina sobre isso quando envia os Seus discípulos para anunciar o Evangelho desde as casas até os confins da Terra, manifestando o poder do Reino de Deus, assim como Ele fazia:

> Depois disso o Senhor designou outros setenta e dois e os enviou dois a dois, adiante dele, a todas as cidades e lugares para onde ele estava prestes a ir. E lhes disse: "A colheita é grande, mas os trabalhadores são poucos. Portanto, peçam ao Senhor da colheita que mande trabalhadores para a sua colheita. Vão! Eu os estou enviando como cordeiros entre

lobos. Não levem bolsa nem saco de viagem nem sandálias; e não saúdem ninguém pelo caminho. Quando entrarem numa casa, digam primeiro: 'Paz a esta casa'. Se houver ali um homem de paz, a paz de vocês repousará sobre ele; se não, ela voltará para vocês. Fiquem naquela casa, e comam e bebam o que lhes derem, pois o trabalhador merece o seu salário. Não fiquem mudando de casa em casa. Quando entrarem numa cidade e forem bem recebidos, comam o que for posto diante de vocês. Curem os doentes que ali houver e digam-lhes: 'O Reino de Deus está próximo de vocês'. Mas quando entrarem numa cidade e não forem bem recebidos, saiam por suas ruas e digam: 'Até o pó da sua cidade, que se apegou aos nossos pés, sacudimos contra vocês. Fiquem certos disto: O Reino de Deus está próximo'". (Lucas 10.1-11)

No momento da Grande Comissão, também podemos ver Jesus comunicando toda a Sua visão com clareza, compartilhando Sua autoridade e dando instruções detalhadas sobre o que os discípulos, um a um, deveriam fazer, sem receio do que poderia acontecer ao compartilhar essa responsabilidade:

> Então, Jesus aproximou-se deles e disse: "Foi-me dada toda a autoridade no céu e na terra. Portanto, vão e façam discípulos de todas as nações, batizando-os em nome do Pai e do Filho e do Espírito Santo, ensinando-os a obedecer a tudo o que eu lhes ordenei. E eu estarei sempre com vocês, até o fim dos tempos". (Mateus 28.18-20)

Jesus é o nosso exemplo de que um líder confiante gera confiança. Ele poderia dizer: "Se Eu não bater de porta em porta, nada dará certo" ou "Se Eu não for com vocês, não acontecerá nada". Porém, não fez isso. Ele acreditou nas pessoas, ensinou-lhes e delegou. E, ao fazer isso, o Mestre não perdeu a Sua autoridade. Pelo contrário, Ele aumentou a Sua influência e fortaleceu ainda mais a Sua liderança com os Seus seguidores.

Qual a sensação que os discípulos tiveram? Eu creio que, ao perceberem o Senhor confiando neles, viram-se deixando a posição de espectadores para assumir o papel de protagonistas no cumprimento da missão dada por Jesus.

Contudo, nos dias de hoje, o que acontece em muitas igrejas é que pessoas têm se sentindo irrelevantes ou inúteis para suas congregações, porque seus pastores não dividem sonhos e responsabilidades com eles. Isto é triste, mas a realidade é que diversos líderes não estão convidando seus liderados para fazerem parte da visão que Deus confiou a suas igrejas. Vidas preciosas e talentos extraordinários são desperdiçados por orgulho e falta de confiança. Precisamos ser líderes e liderados que somam forças, sonham juntos, compartilham ideias e dão abertura para as pessoas crescerem em unidade, colocando em prática a visão de Deus para as nossas comunidades. A igreja é composta por muitos membros, e cada um deles tem diversos dons. A soma dessa pluralidade é essencial para manter a unidade e a relevância da Igreja de Cristo.

Sempre que penso a respeito da importância de não coibirmos a iniciativa das pessoas, mas sim incentivá-las a serem movidas pelo Espírito e direcionar suas potencialidades para liderança, lembro-me da passagem de Números 11:

> Então Moisés saiu e contou ao povo o que o Senhor tinha dito. Reuniu setenta autoridades dentre eles e os dispôs ao redor da Tenda. O Senhor desceu na nuvem e lhe falou, e tirou do Espírito que estava sobre ele e o pôs sobre as setenta autoridades. Quando o Espírito veio sobre eles, profetizaram, mas depois nunca mais tornaram a fazê-lo. Entretanto, dois homens, chamados Eldade e Medade, tinham ficado no acampamento. Ambos estavam na lista das autoridades, mas não tinham ido para a Tenda. O Espírito também veio sobre eles, e profetizaram no acampamento. Então, certo jovem correu e contou a Moisés: "Eldade e Medade estão profetizando no acampamento". Josué, filho de Num, que desde jovem era auxiliar de Moisés, interferiu e disse: "Moisés, meu senhor, proíba-os!" Mas Moisés respondeu: "Você está com ciúmes por mim? Quem dera todo o povo do Senhor fosse profeta e que o Senhor pusesse o seu Espírito sobre eles!" (Números 11.24-29)

Moisés é, até hoje, um dos maiores exemplos de liderança da Bíblia e em toda a história do povo de Deus. Dificilmente, encontraremos um cristão que diga que esse líder foi fraco ou teve pouca autoridade.

No entanto, em algumas ocasiões, o vemos atuando no sentido de descentralizar sua liderança e contar com outras pessoas que também foram levantadas por Deus. Esse trecho de Números é um bom exemplo disso. Moisés não só reconheceu que o Espírito de Deus se movia em outros líderes, assim como nele próprio, mas também deixou que sua comunidade ouvisse o que profetizavam e incentivou seu ajudante a fazer o mesmo. Josué, por outro lado, deixou que o medo e o ciúme o atrapalhassem de ver o mover de Deus em outras pessoas.

Hoje em dia, muitos líderes agem como Josué naquele momento, tentando – e, muitas vezes, conseguindo – abafar o mover de Deus por meio de outras pessoas em sua comunidade. E por que fazem isso? Primeiramente, talvez, por não enxergarem que as ideias ou iniciativas de seus liderados também possam vir do Senhor. Nesses casos, agem assim apenas porque não lhes havia ocorrido nada semelhante antes que outras pessoas aparecessem dizendo e fazendo tais coisas. Essa é uma razão muito comum, porque não é nada fácil para um líder centralizador entender que o mover de Deus se manifesta de outras formas e por meio de outras pessoas, ainda mais as que ele, provavelmente, não estava esperando.

Outro motivo aparente para esse receio no coração de um líder pode ser o ciúme. Diante do pensamento de que outra pessoa pode fazer um bom trabalho como líder, guiando uma parcela das ovelhas da comunidade em um ministério, pequeno grupo ou projeto, tão bem que elas passem a admirá-lo ou segui-lo de forma mais entusiasmada do que a nós, pode nos fazer hesitar na hora de conceder autoridade a outros.

Outra razão comum é a síndrome do "sabe--tudo", que acomete muitos de nós de vez em quando. Descentralizar a liderança significa conferir autoridade a outras pessoas para fazerem as coisas com autonomia, da forma como entendem que é melhor, obviamente com mentoria e acompanhamento. Isso significa que, quando os nossos liderados também exercem a função de líder, estamos dando-lhes a liberdade para participar da nossa maneira de pensar e agir, mostrando soluções que, muitas vezes, não ocorreriam a nós sozinhos.

Além desses, existem vários motivos de hesitação para a implantação de uma liderança descentralizada. Mas a verdade é que todos eles são provenientes de orgulho ou insegurança, mas nunca da sabedoria de Deus. Por isso, assim como Moisés, a postura mais saudável e digna de uma liderança genuína, baseada na confiança no Senhor, e não em si mesmo, é reconhecer o potencial de outras pessoas para também exercerem o que Deus lhes chamou para fazer. E, às vezes, isso quer dizer levantar outros líderes e conferir autoridade e autonomia a eles para nos auxiliar.

Essa visão propõe a promoção de mais transparência, empatia e confiança em nossos relacionamentos, resultando em crescimento e na descentralização organizada na Igreja. Em outras palavras, isso significa compartilhar responsabilidades e autoridade, de maneira estratégica, dentro da comunidade, para combater modelos de liderança focados em homens.

O primeiro ponto para descentralizarmos da maneira correta é a liderança se dedicar a conhecer bem sua equipe e confiar nela. Não basta o liderado ser qualificado tecnicamente. Este pode até ser um indicador, mas não é sempre o fator decisivo. Muitas vezes, a pessoa possui a competência certa no currículo, mas não tem um coração ensinável ou mesmo um real compromisso com o Reino de Deus. O trabalho precisa ser distribuído para aqueles que sabemos serem mais comprometidos com a comunidade. E a melhor forma de descobrir os pontos fortes e fracos de sua equipe é se comunicando de maneira ativa e estando sempre atento a como cada um desempenha as funções que lhe são dadas.

Um exemplo disso é que hoje, além de coordenador geral do ministério de pequenos grupos de toda Igreja Batista da Lagoinha, sou pastor líder de uma igreja local e cuido de outras igrejas que tive a honra de implantar. Se eu não confiasse nos líderes que tenho formado e descentralizasse o trabalho, com toda certeza eu me sobrecarregaria, e, consequentemente, tudo pelo que sou responsável pararia. Contudo, quanto mais eu confio e acredito nas pessoas, empoderando-as para a obra, mais elas reconhecem a minha autoridade e se dispõem a servir no que for preciso para expansão do Reino. Quando acreditamos nos outros, eles honram o chamado que Deus confiou a nós.

Chegou o tempo de pastores acreditarem mais nas pessoas que estão com eles, permitindo que outros se desenvolvam como líderes e possam contribuir mais ainda com o que receberam de Deus. Para mim, o Pr. Márcio Valadão é um dos maiores exemplos de eficiência de liderança descentralizada na Igreja. Ele diz que é capaz de pastorear uma comunidade de mais de 90 mil membros, porque jamais desistiu de acreditar nas pessoas e investir no potencial delas. Afirma que todos os líderes são chamados a acreditar em pessoas, porque faz parte de suas responsabilidades extrair o melhor delas e desenvolvê-las a fim de honrar ao Senhor e abençoar o Corpo de Cristo através de seus dons e vocações.

Um segundo ponto muito importante para aprendermos a descentralizar o trabalho é compreendermos que jamais seremos bons em tudo e, por isso, precisamos dar espaço para os outros. Uma falha que muitos líderes cometem é acreditar que precisam ser os melhores em todas as coisas, quando, na verdade, a gestão de uma igreja local tem de ser composta por pessoas que complementam umas às outras. Deus é especialista em colocar indivíduos que se completam dentro da igreja e, à medida que a comunidade posiciona as pessoas certas nos lugares certos, mais vidas são acrescentadas.

Ainda que o pastor, em muitos casos, seja quem mais trabalha em uma igreja, coloca o seu coração, sua família e tudo o que tem à disposição do Reino de Deus, ele precisa entender que não é o centro da comunidade, porque o cabeça é apenas um: Jesus Cristo. Logo, para que haja um desenvolvimento saudável em todas as áreas, a liderança não pode ser composta por pessoas que pensam e agem exatamente da mesma maneira. A pluralidade de dons, talentos e formas de pensar precisa compor uma gestão saudável para a comunidade, buscando sempre a inovação e propondo-se a fazer tudo melhor do que a maneira como já era feito. E isso nos remete a outra questão fundamental, que é o caminho para o progresso da igreja: a troca de ideias entre as gerações.

Sendo assim, precisamos ser humildes e reconhecer que sempre haverá alguém melhor que nós em algo, ainda que mais jovem e imaturo, e que pode agregar para o desenvolvimento da igreja local através dos seus dons. O texto de 2 Reis 6 é um ótimo exemplo dessa troca, porque traz um retrato desse tipo de liderança através da vida de Eliseu. Primeiramente, devido ao fato de que a ideia de aumentar o lugar onde eles se reuniam não partiu do líder, mas sim dos discípulos. E Eliseu, por sua vez, espontaneamente, permitiu:

Os discípulos dos profetas disseram a Eliseu: "Como vês, o lugar onde nos reunimos contigo é pequeno demais para nós. Por que não vamos ao rio Jordão? Lá cada um de nós poderá cortar um tronco para construirmos ali um lugar de reuniões". Eliseu disse: "Podem ir". Então um deles perguntou: "Não gostarias de ir com os teus servos?" "Sim", ele respondeu. E foi com eles. Foram ao Jordão e começaram a derrubar árvores. Quando um deles estava cortando um tronco, o ferro do machado caiu na água. E ele gritou: "Ah, meu senhor, era emprestado!" O homem de Deus perguntou: "Onde caiu?" Quando ele lhe mostrou o lugar, Eliseu cortou um galho e o jogou ali, fazendo o ferro flutuar, e disse: "Pegue-o". O homem esticou o braço e o pegou. (2 Reis 6.1-7)

Existem muitos líderes que não aceitam abençoar ou apoiar nenhuma ideia que não tenha partido deles. Mas, aqui, Eliseu nos ensina sobre uma liderança madura e segura, que não apenas apoiou a proposta dos discípulos, como os encorajou em seu projeto. Esses liderados, por sua vez, reconheciam tanto a autoridade de Eliseu que buscaram honrá-lo, chamando-o para fazer parte do que seria construído.

Dessa maneira, fica claro que a descentralização não é sinônimo de perda ou falta de autoridade, mas que ela incita investimento e acompanhamento no que foi delegado. Essa abertura no coração de um pastor é fundamental para o crescimento da sua comunidade. Como poderia, por exemplo, o Pr. Márcio ou grandes líderes do Brasil terem tanto crescimento, se eles não soubessem delegar e acreditar em pessoas? Por isso, é importante termos em mente que, quando tudo só pode ser feito pelo principal líder de uma igreja, ele acaba limitando a organização. Por outro lado, quando este descentraliza a liderança e entrega autonomia à sua equipe de forma organizada, a saúde e a capacidade de crescimento da igreja são elevadas, porque é nesse momento que todos sonham e trabalham juntos.

Por fim, um terceiro ponto para promovermos a descentralização em nossa comunidade é ter uma liderança participativa. Não basta apenas que esta reconheça que precisa de ajuda e delegue uma responsabilidade, é necessário que o líder esteja presente para acompanhar e auxiliar no desenvolvimento de tudo quanto for possível.

Quando transferimos uma tarefa para um colaborador, não deixamos de ser responsáveis por ela. Isto é importante lembrarmos, porque muitos de nós acabamos confundindo e acreditando que delegar é passar a responsabilidade. Isso pode nos levar à armadilha de "delargar", ou seja, transmitir o encargo de um projeto, e depois só cobrar os envolvidos, sem ajudar em nada.

Entretanto, ao contrário disso, delegar consiste em passar para alguém uma tarefa ou projeto a ser executado, como uma forma de desafio, para que essa pessoa se desenvolva e cresça com essa oportunidade, compartilhando com o líder a responsabilidade pelo resultado do que é feito. Assim, para que a descentralização aconteça de forma organizada e bem-sucedida, não podemos esquecer que a delegação de tarefas não exime o líder de sua responsabilidade de estar junto aos processos. Não parece fácil, porém é algo muito importante e prazeroso.

Por experiência própria, como pastor de igreja local, posso dizer que não tem nada melhor do que compartilhar os sonhos do coração e as responsabilidades do dia a dia com pessoas de confiança. Como pastores e líderes, precisamos parar de achar que tudo que é diferente do que pensamos é rebeldia, porque, às vezes, realidades novas que o Senhor tem para nossas igrejas estão nas pessoas que querem sonhar junto conosco, mesmo pensando diferente. Pensar de forma distinta é possível e saudável.

Isso é uma descentralização organizada. A arte de delegar é uma ferramenta de estabelecimento de confiança, apoio, autonomia, criatividade e produtividade. Quando a utilizamos com maestria, geramos união. Eu creio que não existiria nenhum movimento, igreja ou comunidade de sucesso se todos líderes fossem centralistas. Por isso, devemos ser como Jesus, líderes que delegam, descentralizam, participam, acompanham, sonham junto e, o mais importante, acreditam em pessoas.

Que o Senhor nos dê graça para conseguir enxergar o potencial de liderança de cada um, vivendo em confiança, para, assim, descentralizar de forma organizada e expandir o Reino de Deus aqui na Terra junto com os nossos irmãos.

9. O poder dos relacionamentos saudáveis

✦✦✦

O Homem, ainda que não saiba, foi criado para se relacionar. Não existe nenhuma pessoa na Terra que não tenha a necessidade de se conectar com os outros. E aqui não há exceções. Fomos feitos para estabelecer conexões e, quando isso não acontece, anulamos parte da nossa essência como seres humanos.

Entretanto, existem vários tipos e níveis de relacionamento. Podemos ser amigos, casais, pais, avós, tios, professores, filhos, líderes, chefes e até mesmo conhecidos. Isso sem contar o nosso relacionamento com Deus, que é o mais importante. Mas, focando nos relacionamentos naturais, percebemos que, à medida que eles se aprofundam, precisamos despender de mais tempo e cuidado para cultivá-los. E é neste ponto que, muitas vezes, os conflitos começam a surgir. Quando damos mais valor para coisas do que para pessoas, quando nos importamos mais conosco do que com o outro, ou quando preferimos estar certos em vez de abrir mão.

Neste capítulo, falaremos sobre o extraordinário poder dos relacionamentos saudáveis para desenvolver nosso senso de liderança. Partimos do princípio de que todos somos chamados para liderar, primeiramente a nós mesmos e eventualmente outras pessoas, em nossa casa, trabalho e igreja. Portanto, ainda que você não esteja ocupando um cargo de liderança hoje, é essencial que você conheça e compreenda os conceitos que abordarei a seguir.

Sabemos que construir e conservar relacionamentos não são tarefas fáceis, mas é apenas por meio deles que somos capazes de experimentar certas coisas, tanto no natural quanto no sobrenatural. Existe poder na unidade, e nós, como cristãos, devemos, mais do que ninguém, entender esse princípio e preservá-lo de maneira saudável.

A passagem de Marcos 1 nos conta um pouco sobre como Jesus priorizava o desenvolvimento de relacionamentos, mesmo em meio à Sua intensa rotina:

> Eles foram para Cafarnaum e, assim que chegou o sábado, Jesus entrou na sinagoga e começou a ensinar. Todos ficavam maravilhados com o seu ensino, porque lhes ensinava como alguém que tem autoridade e não como os mestres da lei. Justamente naquela hora, na sinagoga, um homem possesso de um espírito imundo gritou: "O que queres conosco, Jesus

de Nazaré? Vieste para nos destruir? Sei quem tu és: o Santo de Deus!". "Cale-se e saia dele!", repreendeu-o Jesus. O espírito imundo sacudiu o homem violentamente e saiu dele gritando. Todos ficaram tão admirados que perguntavam uns aos outros: "O que é isto? Um novo ensino — e com autoridade! Até aos espíritos imundos ele dá ordens, e eles lhe obedecem!". As notícias a seu respeito se espalharam rapidamente por toda a região da Galileia. Logo que saíram da sinagoga, foram com Tiago e João à casa de Simão e André. A sogra de Simão estava de cama, com febre, e falaram a respeito dela a Jesus. Então ele se aproximou dela, tomou-a pela mão e ajudou-a a levantar-se. A febre a deixou, e ela começou a servi-los. Ao anoitecer, depois do pôr do sol, o povo levou a Jesus todos os doentes e os endemoninhados. Toda a cidade se reuniu à porta da casa, e Jesus curou muitos que sofriam de várias doenças. Também expulsou muitos demônios; não permitia, porém, que estes falassem, porque sabiam quem ele era. (Marcos 1.21-34)

Não existe ninguém que tenha ensinado e valorizado tanto os relacionamentos quanto Jesus. Não apenas nesta passagem, mas ao longo de todos os evangelhos, é nítido como Ele estava o tempo inteiro se relacionando com as pessoas. Primeiro, o Senhor estava com os discípulos, depois, no templo. Então, um endemoniado se manifesta, e Ele, expulsando-o, sai da Sinagoga e vai ao encontro da sogra de Pedro, que estava febril. Acontece que, entre a Sinagoga e a casa da sogra do discípulo, existia uma distância de 6 km.

Isso quer dizer que percorrer esse trajeto foi uma prova de que Jesus não media esforços para alcançar as pessoas e consolidar relacionamentos. Ao caminhar todos aqueles quilômetros para curar a sogra de Pedro, o Mestre não estava apenas aliviando o sofrimento de uma mulher enferma, mas demonstrando que a família do Seu discípulo também era uma prioridade para Deus. Além disso, através desse ato, Jesus nos ensinou que o poder divino não é o nosso objetivo final, mas sim um veículo para levarmos o Seu amor para o próximo e estabelecermos comunhão.

A Bíblia diz que, logo depois de ser curada, a sogra de Pedro passou a servir a todos os presentes na casa. Aquela mulher ficou tão grata por sua cura que não conseguiu permanecer parada. Ela decidiu expressar sua gratidão de forma extravagante, levantando-se da cama e colocando-se a serviço de Jesus e de todos que O acompanhavam.

É interessante reparar que Jesus, por outro lado, em vez de seguir com Sua agenda tão requisitada, decidiu permanecer naquela casa para ter comunhão e também servir a todos que precisavam de alguma cura ou libertação. Serviço e comunhão, era dessa maneira que o Senhor se conectava com as pessoas e fortalecia relacionamentos. Esse é o nosso Jesus, uma pessoa humilde, acessível e que demonstra verdadeiro interesse por nós e nossos problemas.

A forma como o Rei dos reis se mantinha acessível, prezava pelos relacionamentos e sempre estava à disposição para servir a todos toca profundamente o meu coração. Ele mudava o Seu itinerário para libertar, curar e ressuscitar pessoas. Exemplo disso são os casos da libertação do endemoniado gadareno, da cura da mulher com o fluxo de sangue e da ressureição da filha de Jairo (Lucas 8.26-56).

Seu estilo de vida me confronta e sempre me leva a refletir se tenho sido um pastor muito bom na parte técnica, mas que deixa a desejar no relacionamento com as ovelhas, alguém que está tão preocupado com cumprir a Grande Comissão que acaba por negligenciar a prática diária do primeiro mandamento: "Amarás o Senhor, teu Deus, de todo o teu coração, de toda a tua alma e de todo o teu entendimento" (Mateus 22.37 – ARA).

Através de reflexões como essa, percebo que o desenvolvimento de uma liderança relacional não é um desafio só meu, mas de todos que desejam influenciar a sociedade, em especial a esfera da Igreja. Atualmente, as igrejas contemporâneas estão cada vez maiores, mais equipadas, mais bonitas, mais criativas, modernas e conectadas. Hoje em dia, os cultos de domingo e as conferências anuais de nossas congregações podem ser comparadas a grandes *shows* e espetáculos da indústria do entretenimento. Aliás, alguns ministérios não deixam a desejar em nada para o mercado secular quando o assunto é produção de eventos, mídia, vídeos, música, livros e até cursos. Bem como as grandes celebridades do cinema e da televisão, os líderes e pregadores desta geração têm sua imagem e conteúdo tão bem trabalhados que é quase impossível não sermos impactados pela vida deles ou querer segui-los nas redes sociais.

Por um lado, tudo isso me deixa muito feliz, porque creio que todas essas coisas são extremamente válidas para propagar o Evangelho, expandir a cultura do Reino na sociedade e glorificar o nosso Senhor. Porém, o que me preocupa é quando nós, líderes, deixamos de estabelecer a construção de relacionamentos e sociedades saudáveis como o objetivo final. A nossa principal missão como responsáveis pela Igreja não é crescer em relevância, mas sim usar dessa influência que nos é dada por Deus para conectar vidas a Jesus e seu Reino. Se a nossa liderança, os nossos eventos, conteúdos e projetos não estão promovendo relacionamentos saudáveis e gerando transformação social em nossas comunidades locais, somos líderes espirituais inúteis.

Isso, porque igrejas saudáveis vivem de relacionamentos saudáveis, enquanto que igrejas doentes vivem de eventos. Eu aprendi essa valiosa lição durante uma importante conversa que tive com Márcio Valadão, o pastor sênior de nossa comunidade. Naquele dia, ele me fez o convite para assumir a coordenação geral do ministério de pequenos grupos de toda a Igreja Batista da Lagoinha. Na época, ele compartilhou comigo que Deus estava colocando em seu coração um ardente desejo por levantar uma igreja que fosse apaixonada por almas e relacionamentos. De acordo com o pastor

Márcio, não existia outra forma que não fosse por meio de pequenos grupos para que pudéssemos alcançar o nosso objetivo e mudar a realidade de cada casa em nossa congregação. Ele dizia: "Uma experiência local com impacto global. Isso é o que precisamos promover".

Ao longo de décadas liderando igrejas e aconselhando pastores, o meu pastor identificou que o principal problema de uma igreja em células não é o processo de multiplicação desses grupos, mas o de estabelecimento dos líderes. Para ele, o nosso desafio não era formar novos líderes, mas mantê-los motivados e engajados no seu chamado para que os seus grupos crescessem. E isso continua sendo assim, porque a realidade é que todos queremos liderar, todos queremos ter influência sobre outras pessoas e gerar impactos em suas vidas, porém poucos estão realmente dispostos a pagar o preço de se dedicar aos outros.

Hoje, eu tenho percebido que temos muitas pessoas, principalmente jovens, que se colocam à disposição para liderar pequenos grupos. E esses membros parecem estar disponíveis e engajados no processo para se desenvolverem em liderança através de cursos e treinamentos, contudo, a maioria deles acaba por desistir quando saem das salas de aula e vão liderar na prática. E não fazem isso por maldade, mas porque não conseguem abrir mão do estilo vida que tinham antes de se tornarem líderes. Isso significa que essas pessoas querem influenciar sem pagar o preço de mudar suas prioridades e rotinas. Elas não entendem que a liderança implica mudança e sacrifício de nosso tempo, energia e até recursos para servir ao próximo.

Muitos jovens líderes já desistiram e fecharam os seus pequenos grupos ou deixaram de investir em sonhos pessoais porque não estavam dispostos a aprender a gerenciar o tempo e estabelecer prioridades. Sempre se atrapalhavam quando uma nova oportunidade ou necessidade passageira surgia, como um novo relacionamento ou um novo emprego e, assim, negligenciavam suas responsabilidades. Dessa forma, tanto eles como seus liderados acabavam carecendo de cuidado pastoral. E quando existe falta de cuidado e amor, todos ficam desmotivados e deixam de se dedicar aos propósitos e às pessoas.

Por isso, se desejamos liderar, devemos aprender a morrer para nós mesmos, para levarmos vida a outras pessoas. Não estou dizendo que temos de abrir mão do tempo com nossa família, trabalho e estudos para viver exclusivamente para a Igreja. O que estou tentando expressar é que, se queremos influenciar vidas, precisamos investir tempo e atenção nas pessoas. Devemos abrir espaço em nossas agendas para orar por elas, conhecer suas histórias, dividir uma refeição, conversar sobre assuntos que não giram em torno da igreja, ajudar a solucionar problemas, encorajá-las e amá-las. A construção de relacionamentos saudáveis através de práticas como essas é que geram um crescimento equilibrado e frutífero. E isso, eu posso garantir, porque é exatamente o que nós vivemos.

Depois que aceitei o convite do pastor Márcio e começamos a focar no desenvolvimento de relacionamentos com liderados e suas famílias, nós saímos de 1.400 para 3.200 pequenos grupos no prazo de um ano. Por que começamos a multiplicar mais? Creio que seja pelo fato de toda a nossa liderança ter se comprometido com o desenvolvimento de uma comunidade relacional, e eliminado as barreiras entre os pastores e os membros da igreja.

Por isso, se quisermos influenciar verdadeiramente, precisamos nos dedicar a estar presentes na vida dos nossos liderados, da mesma forma que Jesus esteve na vida de Pedro ao ir até a casa de sua sogra para curá-la. Temos de nos alegrar com os que se alegram e chorar com os que choram (Romanos 12.15). Ao fazermos isso, mostramos a todos que nos seguem que, presencial ou virtualmente, somos muito mais do que as redes sociais mostram, somos maiores por dentro do que por fora.

Sempre que comento sobre o poder de valorizar o relacionamento com os nossos liderados, principalmente nos pequenos grupos, sinto a necessidade de contar sobre o dia em que visitei uma de nossas células e fui radicalmente impactado pela excelência daquela liderança. Certo dia, em meio à minha rotina de supervisão de grupos, decidi fazer uma visita àquela célula, que se localizava em uma região periférica da cidade. Eu me lembro que estava curioso para ver de perto o que Deus estava fazendo através daqueles encontros. Por isso, eu me programei para chegar antes da reunião e aproveitar para conversar um pouco com a liderança e ver como preparavam a casa para os encontros.

Ao chegar no lugar, fui calorosamente recebido por uma jovem muito humilde, que era a líder do grupo e a dona da casa onde aconteciam os encontros. Ela, com muita simpatia e educação, me convidou para entrar e conhecer o espaço em que eles se reuniam. A casa era tão simples que até me surpreendi. Ela dispunha de apenas dois cômodos. O local em que a reunião acontecia tinha o chão de terra batida e no lugar das cadeiras havia dez bancos improvisados com tijolos. Além deles, alguns outros tijolos empilhados formavam uma espécie de mesinha para suportar uma jarra de água e alguns copos de vidro improvisados de massa de tomate, que eram reaproveitados. Na parede, havia duas cartolinas penduradas. Nelas, estavam escritas as letras das músicas que seriam cantadas na reunião. Surpreendentemente, não havia nenhum sinal de poeira em todo espaço. Aquela líder já havia passado água por todo o chão de terra para que os visitantes não ficassem incomodados com nenhuma sujeira.

Por mais simples que tudo aquilo fosse, tinha sido preparado com amor e excelência. Aquele zelo pela reunião e pela experiência dos convidados tocou o meu coração profundamente. Algo em mim dizia que não precisávamos questionar se Deus viria ou não naquele encontro, porque toda aquela excelência já era uma poderosa expressão de adoração ao nosso Pai.

Minutos antes do horário combinado, muitas pessoas, cheias de fome pelo Senhor, começaram a chegar e a encher aquela sala. No momento em que a reunião começou, a líder do grupo se posicionou com muita humildade e, ao mesmo tempo, autoridade para dar as boas-vindas aos visitantes. Ela iniciou a reunião dizendo: "Irmãos, que alegria ter vocês aqui hoje. Eu não tenho muita estrutura na minha casa, mas o que eu tenho pertence ao Senhor. Eu não sei se você consegue sentir, mas eu posso garantir que este lugar está cheio da presença d'Ele. Deus está aqui e é O dono de tudo isso". Em seguida, ela emendou o final de sua fala em uma canção e começou a liderar os presentes em um momento de adoração. Naquele dia, todos ali se engajaram e tiveram uma experiência com Deus.

Em todos os meus anos visitando reuniões de pequenos grupos, tanto em mansões como em comunidades carentes, eu nunca havia visto tanta excelência como daquela jovem. O cuidado e o apreço que ela tinha por servir ao próximo com o seu melhor e estimular o relacionamento até hoje me confrontam. Essa experiência me faz refletir se realmente eu tenho dado o melhor, sendo excelente em tudo aquilo que Deus tem me confiado.

A simplicidade e a humildade de um discípulo de Cristo têm o poder de construir uma comunidade. As pessoas que compareceram à reunião daquele pequeno grupo enxergavam naquele encontro um lugar para serem edificadas e terem comunhão. Elas investiam seu precioso tempo naquelas reuniões porque se sentiam acolhidas e amadas pela sua liderança. Por esse motivo, eu o incentivo a não perder a simplicidade e a humildade. Tais elementos são chaves estratégicas para ganharmos a confiança de outros. Mesmo que você possua milhares de seguidores nas suas redes sociais, não se torne inacessível. Seja intencional em estar presente para as pessoas, principalmente para as que estão ao seu redor. Pergunte a elas se estão bem, convide-as para ter um tempo de comunhão, honre-as destacando aquilo que é admirável nelas e, se possível, ofereça-se para ajudá-las a realizar algo importante. Em suma, busque se tornar alguém que constrói comunidades e promove conexões. Quanto mais amor você investir na vida das pessoas, mais influência Deus confiará a você.

    A nossa sociedade já está cheia de pessoas carentes de atenção e amor. Se quisermos ser diferentes, devemos ser aqueles que têm prazer em suprir essa necessidade. O mundo não precisa de líderes famosos, mas de lideranças presentes, que choram e se alegram com o próximo. Talvez, você não seja o melhor pregador de sua igreja, porém, mesmo assim, pode ser um dos melhores líderes pastorais da sua nação se investir nisso.

O segredo está no relacionamento e desenvolvimento de sua comunidade. A geração de líderes que Deus tem despertado no tempo de hoje tem, sim, de buscar capacitação em todas as áreas possíveis: espiritual, intelectual, profissional, financeira, física, emocional e relacional. Contudo, aquilo que realmente atrairá o mundo para a Igreja não é o que podemos conquistar pelo nosso próprio esforço, mas sim pela graça de Deus. E uma das coisas que só conseguimos obter através da graça é a unidade. O perdão, a empatia, a compaixão, a confiança e o amor ao próximo são essenciais para construirmos relacionamentos com os mais diferentes tipos de pessoas, e tudo isso é obtido e praticado por meio da graça de Deus que atua em nós. Através dela, desenvolvemos inteligência emocional e resiliência para saber lidar com as diferenças, as frustrações, os processos e mudanças das pessoas que nos cercam. Por isso, seja alguém acessível e atencioso para ajudar aqueles que estão à sua volta a solucionar problemas. Quando fizer isso, você verá a graça sobrenatural de Deus fluir da sua vida para auxiliar as pessoas.

Por fim, não se preocupe em promover a sua imagem enquanto estiver trabalhando. A melhor recompensa é um liderado se sentindo amado e desenvolvido. Você não precisa aparecer enquanto serve. Deus já te vê no secreto e, lá, Ele preparará você para suportar as grandes promessas do futuro. Mantenha o seu foco em agradar ao Senhor e servir as pessoas que Ele confiou a você. A honra virá por meio dos relacionamentos saudáveis que você construir.

A essência da liderança não está em títulos, mas em ter um coração como o de Jesus. A paixão por Deus e pelas pessoas é mais poderosa do que qualquer recurso, estrutura, rótulo ou capacitação. Se tivermos esse coração simples, humilde e acessível, Ele nos dará acesso a tudo que necessitamos para desenvolver nossos projetos e ministérios.

Portanto, esteja aberto para investir em relacionamentos como Jesus fazia. Programe-se para ter tempo de qualidade com a sua esposa e com seus filhos, seus líderes e seus liderados. Dê mais atenção a quem está seguindo você de perto do que para quem está acompanhando as suas redes sociais. Dê mais valor para a sua igreja, para as pessoas que estão caminhando e trabalhando com você semanalmente, do que a quem está vivendo outro chamado em outros ministérios. Honre a todos, mas faça questão de fazê-lo mais ainda àqueles que estão com você todos os dias. Não corra o risco de ser o líder que tem uma reputação incrível, mas não se conecta com ninguém. Não permita que sua pregação seja excelente, seus *posts*, incríveis e edificantes, suas conferências, as melhores do país, mas as pessoas não tenham acesso a você.

E jamais se esqueça: se não formos fiéis no pouco, não seremos dignos dos milhares. A essência do impacto global é a transformação local. Portanto, desenvolva uma comunidade com relacionamentos saudáveis e a veja influenciar sua cidade, depois o estado, o seu país, até, finalmente, impactar os confins da Terra.

Sendo assim, valorize o seu povo, porque a beleza do pastoreio é olhar nos olhos, sentar à mesa, construir relacionamentos saudáveis.

10. De casa em casa

✦✦✦

    Entre todas as formas de expandir o Reino de Deus na sociedade, a visão de transformar a cidade por meio de cada casa é, sem sombra de dúvidas, a minha favorita. Ver o Reino sendo estabelecido de casa em casa através de pequenos grupos, para impactar positivamente a sociedade, é um dos maiores prazeres que tenho em minha vida como cristão, pastor e implantador de igrejas. Eu creio que essa paixão é algo sobrenatural e que foi semeada por Deus em meu coração muito antes de eu me tornar o coordenador geral de pequenos grupos da Igreja Batista da Lagoinha.

    Meu amor por essa visão de Deus se iniciou antes mesmo de minha conversão, quando passei a frequentar uma pequena reunião caseira de cristãos, convidado por alguns amigos. Em poucos meses dentro daquele ambiente de comunhão e evangelismo, eu fui despertado para desejar conhecer mais do Evangelho e também compartilhar do amor de Cristo com as pessoas. Ali, eu vi que qualquer pessoa comprometida com Deus poderia começar a viver a Grande Comissão através do simples ato de abrir sua casa para a Igreja e transformá-la em um lugar de adoração, evangelismo, comunhão e discipulado, assim como discípulos de Jesus faziam na Igreja Primitiva.

Exemplo disso foi que o primeiro culto de adoração a Jesus aconteceu em uma casa:

> Ao entrarem na casa, viram o menino com Maria, sua mãe, e, prostrando-se, o adoraram. Então abriram os seus tesouros e lhe deram presentes: ouro, incenso e mirra. (Mateus 2.11)

Além do mais, o Mestre pregou para muitas pessoas reunidas em casas:

> Poucos dias depois, tendo Jesus entrado novamente em Cafarnaum, o povo ouviu falar que ele estava em casa. Então muita gente se reuniu ali, de forma que não havia lugar nem junto à porta; e ele lhes pregava a palavra. (Marcos 2.1-2)

A primeira Ceia de Jesus aconteceu em uma casa:

> Ele respondeu dizendo que entrassem na cidade, procurassem um certo homem e lhe dissessem: "O Mestre diz: 'O meu tempo está próximo. Vou celebrar a Páscoa com meus discípulos em sua casa'". (Mateus 26.18)

O Pentecostes veio quando a Igreja estava reunida em casa:

> Chegando o dia de Pentecoste, estavam todos reunidos num só lugar. De repente veio do céu um som, como de um vento muito forte, e encheu toda a casa na qual estavam assentados. (Atos 2.1-2)

Isso sem contar que o crescimento da Igreja se dava por meio das casas:

> Todos os dias, continuavam a reunir-se no pátio do templo. Partiam o pão em suas casas, e juntos participavam das refeições, com alegria e sinceridade de coração, louvando a Deus e tendo a simpatia de todo o povo. E o Senhor lhes acrescentava todos os dias os que iam sendo salvos. (Atos 2.46-47)

> Todos os dias, no templo e de casa em casa, não deixavam de ensinar e proclamar que Jesus é o Cristo. (Atos 5.42)

O Evangelho de Cristo chegou aos gentios por meio de uma casa também:

> Os apóstolos e os irmãos de toda a Judeia ouviram falar que os gentios também haviam recebido a palavra de Deus. Assim, quando Pedro subiu a Jerusalém, os que eram do partido dos circuncisos o criticavam, dizendo: "Você entrou na casa de homens incircuncisos e comeu com eles". (Atos 11.1-3)

Por fim, o apóstolo Paulo, depois de se converter, implantava e amava as igrejas nas casas:

> Saúdem Priscila e Áquila, meus colaboradores em Cristo Jesus. Arriscaram a vida por mim. Sou grato a eles; não apenas eu, mas todas as igrejas dos gentios. Saúdem também a igreja que se reúne na casa deles. Saúdem meu amado irmão Epêneto, que foi o primeiro convertido a Cristo na província da Ásia. (Romanos 16.3-5)

> Saúdem os irmãos de Laodiceia, bem como Ninfa e a igreja que se reúne em sua casa. (Colossenses 4.15)

> [...] à irmã Áfia, a Arquipo, nosso companheiro de lutas, e à igreja que se reúne com você em sua casa. (Filemom 1.2)

Diante desse entendimento da visão de Deus para a Igreja dentro dos lares, e com um desejo descomunal por viver esse Evangelho de casa em casa, dei um passo de fé que mudaria para sempre a minha vida: abri meu primeiro pequeno grupo com apenas seis meses de conversão. Mesmo com pouquíssima experiência, vi o Senhor honrar a minha atitude, derramando da Sua graça e favor sobre mim para multiplicar de forma exponencial tudo o que Ele me confiava. Em questão de três meses, vi aquela reunião se transformar em seis pequenos grupos, e depois de um ano que havia iniciado a primeira célula, esta já havia se multiplicado para 18 reuniões semanais que levavam o Evangelho para centenas de vidas por toda parte. Ali, eu me vi, literalmente, vivendo a realidade dos evangelhos e do livro de Atos através dos pequenos grupos, e isso me fez compreender mais sobre o quão valiosa era a visão de Deus para o estabelecimento do Seu Reino.

Isso, porque por mais que os cultos oficiais da igreja sejam uma atividade fundamental para os membros, por si só, eles não constituem um discipulado completo. Ou seja, dentro da própria comunidade, é necessário que haja a pregação da Palavra de casa em casa, relacionamento para gerar vínculos de amizade, tempo de qualidade entre líderes e liderados, e acompanhamento de perto dos membros de um grupo. E isso só se torna possível graças a essas reuniões domésticas.

Além disso, eu costumo dizer que, de casa em casa, podemos alcançar cidades, porque isso é uma verdade bíblica. Vemos referências a essa ideia em diversos relatos do Novo Testamento. Jesus enviava os Seus discípulos para pregar o Evangelho, ensinar acerca do Reino, curar enfermos, libertar cativos e ressuscitar mortos, e, grande parte das vezes, fazia tudo isso nas casas das pessoas. O Mestre focava e direcionava Seu ministério para atuar dentro dos lares:

> Na cidade ou povoado em que entrarem, procurem alguém digno de recebê-los, e fiquem em sua casa até partirem. Ao

entrarem na casa, saúdem-na. Se a casa for digna, que a paz de vocês repouse sobre ela; se não for, que a paz retorne para vocês. (Mateus 10.11-13)

Jesus compreendia que a forma mais efetiva, segura e sustentável de promover o evangelismo e o discipulado dentro das comunidades era levando o Reino de casa em casa, de família em família, de pessoa a pessoa.

A história da mulher samaritana é um ótimo exemplo disso. Ela era uma pessoa extremamente marginalizada pela sociedade. Mas, logo após um encontro com Jesus, foi capacitada para levar as Boas Novas do Reino de Deus para sua casa e comunidade local. Depois de receber a revelação de quem Ele era, esta jovem foi cheia de ousadia para compartilhar o seu testemunho com toda a cidade (João 4.41-42). As Escrituras relatam que, por conta da atitude daquela mulher, muitos samaritanos creram em Jesus e O receberam em seus lares por dois dias, resultando em mais vidas sendo salvas:

> Assim, quando se aproximaram dele, os samaritanos insistiram em que ficasse com eles, e ele ficou dois dias. E por causa da sua palavra, muitos outros creram. (João 4.40-41)

Nessa passagem, Jesus não estava pregando em uma sinagoga, ou sequer na praça pública da cidade. Pelo contrário, Ele compartilhou a Sua Verdade em um momento de comunhão com uma pessoa, durante uma atividade cotidiana – enquanto esta buscava água no poço. A partir desse encontro, a mulher passou a testemunhar sua experiência com outros, e aos poucos, todos se aproximaram do Senhor. Jesus, por sua vez, se deixou ficar com eles por mais tempo. Em outras palavras, isso quer dizer que, participando do dia a dia daquela mulher, e depois, ficando hospedado nas casas de outras pessoas, Cristo, juntamente com o testemunho da samaritana, levou uma cidade a crer em Sua palavra.

Um outro exemplo desse tipo de fruto é a história do endemoniado gadareno que, após ter sido liberto por Jesus, foi comissionado pelo Mestre para anunciar aos de sua casa e de sua cidade tudo o que Deus havia feito por ele. Aquele homem se tornou um missionário do Reino em Decápolis, provavelmente, levando o Evangelho de casa em casa.

> Quando Jesus estava entrando no barco, o homem que estivera endemoninhado suplicava-lhe que o deixasse ir com ele. Jesus não o permitiu, mas disse: "Vá para casa, para a sua família e anuncie-lhes quanto o Senhor fez por você e como teve misericórdia de você". Então, aquele homem se foi e começou a anunciar em Decápolis quanto Jesus tinha feito por ele. Todos ficavam admirados. (Marcos 5.18-20)

Mais uma vez, percebemos o encontro pessoal com Jesus resultar em um testemunho que impactou uma série de casas, mas que, de maneira nenhuma, para por aí. Assim como a mulher samaritana, esse recém-liberto gadareno foi um canal para que o nome de Jesus fosse anunciado por toda uma cidade, sem que houvesse nenhuma cerimônia, plataforma religiosa ou mesmo credenciais rabínicas para isso. A Verdade divina era proclamada no "um-a-um".

Eu creio que, em ambos os casos, os primeiros a serem alcançados pelo poder do testemunho de Cristo não foram os membros das comunidades religiosas locais, mas sim os familiares da samaritana e do gadareno. Assim como foi ordenado por Jesus: "Vá para casa, para a sua família e anuncie-lhes quanto o Senhor fez por você e como teve misericórdia de você" (v. 19). Quando levamos o Evangelho para os nossos lares, o Senhor começa a edificar a nossa casa e a se fazer mais presente em nossa família.

Cada casa pode se tornar o marco zero de uma reforma social e espiritual, porque a partir delas podemos apresentar Cristo para qualquer pessoa, de qualquer esfera da sociedade, em um ambiente de intimidade. Deus quer que a Igreja passe por uma expansão para que um avivamento aconteça, e, sem dúvida, a visão de igreja nas casas faz parte disso.

Obviamente os pequenos grupos não servem apenas para que as pessoas exerçam o *Ide* no contexto evangelístico, mas também para colocarem em prática o ensinamento de fazer discípulos. Por se tratar de um ambiente mais intimista e reservado, essas reuniões domésticas criam uma atmosfera de segurança e vulnerabilidade propícia para que líderes mais maduros desenvolvam outros membros do Corpo de Cristo, com objetivo de torná-los discípulos comprometidos com Jesus e Sua Noiva. Nesses lugares, podemos ter um contato mais próximo com cada vida e ministrar o amor transformador de Cristo e o poder de Deus.

Na segurança de nossas casas, evitamos a exposição de pessoas e criamos um ambiente seguro para confrontos em amor, tratamentos de caráter, edificação dos mais novos na fé e desenvolvimento de dons.

Sem dúvida, a essência da visão dos pequenos grupos é maravilhosa, uma vez que cria plataformas perfeitas para que cada cristão possa cumprir a Grande Comissão em todos os aspectos possíveis. Diante desses anos trabalhando com grupos pequenos, posso dizer que a essência do discipulado de casa em casa não é só uma estratégia, e sim uma visão bíblica para edificar o Corpo de Cristo e potencializar o avanço do Reino na sociedade. E essa expansão do cristianismo só pode acontecer por meio do relacionamento com Deus, acima de tudo, e, logo em seguida, através do relacionamento com pessoas.

Por conta disso, o crescimento da Igreja ocorre mediante uma visão de relacionamento, pastoreio e cuidado, e não de uma perspectiva focada em números, pois a quantidade de vidas alcançadas é resultado direto de um excelente trabalho com as pessoas. Cada um que se aproxima de uma igreja cristã ou de alguém que testemunhou o nome de Jesus busca exatamente a mesma coisa, ainda que de maneiras diferentes: ser amado incondicionalmente. Logo, se conseguimos expressar o amor de Deus através da nossa capacidade de acolher, nos relacionar, e dar atenção às necessidades individuais de todos à nossa volta, o Evangelho se torna naturalmente mais atraente e real para aqueles que não o conhecem.

Assim, a visão de Deus não é pragmatista, mas relacional. É importante ressaltar que, aqui, eu não estou deixando de lado a importância de crescer, desenvolver-se e frutificar, mas dando ênfase ao fato de que não é possível aumentar em quantidade e qualidade sem valorizar o relacionamento. E falo isso por experiência.

Quando assumi todo o ministério de pequenos grupos da Lagoinha, deparei-me com um problema. O nosso objetivo era multiplicar, mas não conseguíamos, porque o foco estava na quantidade, e não tanto em melhorar a qualidade da experiência das pessoas com seus líderes e grupos. Foi quando senti que Deus estava dando uma nova direção para o enfoque dos pequenos grupos, voltada para relacionamentos, e eu precisava compartilhar com nosso o pastor sênior.

Após apresentar aquilo que Deus estava me direcionando para os nossos pequenos grupos, o pastor sênior me deu autonomia para fazer as mudanças que achasse necessárias. Sem demora, organizei um encontro com os líderes de todos os grupos e comuniquei que, a partir daquele dia, nosso foco seria fortalecer os vínculos com as pessoas. Expliquei que Deus estava nos apontando um novo objetivo: o relacionamento. E o segredo para alcançarmos as milhares de vidas que queríamos estava em investir tempo e energia em atitudes simples que impactariam o dia a dia das pessoas. Como, por exemplo, os pastores separarem um tempo para passar com os seus superintendentes apenas para se relacionarem, sem falar de metas de multiplicação, mas para ter tempo de amizade e comunhão. Estes, por sua vez, poderiam replicar o mesmo modelo com seus discípulos e membros de grupo. Ter tempo de qualidade para trocar experiências de vida, intimidade com Deus, sonhos e perspectiva, sem necessariamente falar de igreja, era algo essencial para estabelecermos essa nova cultura que valoriza o indivíduo. Também estimulei a liderança a se comprometer a nutrir uma rotina diária de oração e intercessão pelas famílias dos pequenos grupos. Posso dizer que foi uma ótima decisão, que trouxe muito mais ânimo e refrigério para a nossa comunidade.

No prazo de um ano, focando em estarmos mais presentes nas casas, saímos de 1.400 pequenos grupos para 3.200. E, atualmente, só nos últimos três anos, mais de 400 igrejas da Lagoinha nasceram a partir desses grupos pequenos, chegando, hoje, em mais de 5.000 pequenos grupos que acontecem semanalmente. Certamente, conseguimos ver Deus em todo esse crescimento, abençoando e levantando famílias para transformar cidades, assim como na época dos apóstolos.

No tempo de Paulo, a implantação das igrejas normalmente se dava por meio das reuniões nos lares, porque era a forma mais estratégica de introduzir o cristianismo na cultura local de cidades pagãs e promover a mudança de mentalidade de que o povo necessitava. A cidade de Corinto, uma das mais florescentes comunidades gregas da Antiguidade Clássica, por exemplo, foi alcançada pelo Evangelho, porque Paulo foi fiel à missão de pregar as Boas Novas tanto nos templos como nas casas, junto a Priscila e Áquila, um casal de cristãos que o suportava no ministério.

De acordo com os registros históricos[1], Corinto foi uma das maiores conquistas de Paulo como implantador de igrejas, pois essa comunidade era um polo de comércio e entretenimento do Período Clássico da História. A cidade era conhecida pelo seu notável desenvolvimento econômico devido à sua localização, por sediar os Jogos Ístmicos e pelo culto a Afrodite (deusa do amor) e a Apolo (deus da música, do canto, da poesia e da beleza masculina). Em Corinto, havia, aproximadamente, 250 mil habitantes. E a maneira mais efetiva de alcançar essas vidas e transformar a cultura da cidade não era promovendo grandes eventos, mas através da pregação do Evangelho nos templos e nas casas.

---

[1] LOPES, Hernandes Dias. **1 Coríntios:** como resolver conflitos na igreja. 1.ed. São Paulo: Hagnos, 2008.

A Bíblia relata, em Atos 18, que à medida que as pessoas se convertiam nas pregações de Paulo dentro das sinagogas, Priscila e Áquila faziam o trabalho pastoral de receber os novos convertidos nas casas para iniciar o discipulado. Paulo entendia que, para criar comunidades de cristãos que realmente trariam o Reino de Deus para Corinto, seria necessária a atuação por meio das pregações evangelísticas acompanhadas do cuidado e pastoreio nos pequenos grupos.

Os primeiros frutos da pregação do apóstolo Paulo em Corinto foram os convertidos da casa de Estéfanas (1 Coríntios 16.15-16). Eles, desde o início da caminhada cristã, consagraram-se ao serviço dos santos. Eram não apenas cooperadores, mas também líderes. Não somente ajudaram Paulo durante sua estadia na cidade, mas, depois que ele partiu, continuaram trabalhando com o mesmo empenho e consagração. Além do pequeno grupo na casa de Priscila e Áquila, também existiu uma cooperação na casa de Estéfanas para fundar a igreja de Corinto e, aos poucos, transformar a cultura com os valores do Reino.

Logo, é nítido que o trabalho de casa em casa visa conquistar cidades, para que mais e mais pessoas conheçam o Evangelho, e mais vidas sejam acrescentadas ao Reino todos os dias.

Isso é o que eu chamo de igreja orgânica, uma instituição que cresce naturalmente através dos relacionamentos entre as pessoas e Deus. Não como uma mera estratégia, mas sim uma visão bíblica para o cumprimento do *Ide*. E nós temos vivido essa experiência ao redor do Brasil, por meio de tantos trabalhos de igrejas fenomenais que se comprometem a crescer focando no desenvolvimento das pessoas da comunidade e seus relacionamentos, e não nos números.

Portanto, creio que, cada vez mais, o Espírito Santo tem despertado líderes e igrejas ao redor da nossa nação para se apaixonarem e se engajarem na visão dos pequenos grupos, porque é da vontade do Senhor transformar cidades e fortalecer a unidade do Corpo de Cristo através das casas, como no primeiro século.

Hoje, incentivo você não apenas a fazer parte de um pequeno grupo, mas, assim como eu, viver as bênçãos de abrir e cuidar de um. Tenho certeza de que, nessa jornada, você aprenderá muito mais sobre o amor de Deus, despertará os seus dons e conhecerá mais profundamente o Seu chamado como discípulo de Cristo.